新时代智库出版的领跑者

国家智库报告 2023（3）
National Think Tank

经济

中国区域协调发展指数报告（2021）

黄群慧 叶振宇 等著

CHINA COORDINATED REGIONAL DEVELOPMENT INDEX REPORT (2021)

中国社会科学出版社

图书在版编目(CIP)数据

中国区域协调发展指数报告.2021 / 黄群慧等著.—北京：中国社会科学出版社，2023.3

(国家智库报告)

ISBN 978-7-5227-1493-6

Ⅰ.①中… Ⅱ.①黄… Ⅲ.①区域经济发展—协调发展—研究报告—中国—2021 Ⅳ.①F127

中国国家版本馆 CIP 数据核字(2023)第 035283 号

出 版 人	赵剑英
项目统筹	王 茵 喻 苗
责任编辑	党旺旺
责任校对	赵雪姣
责任印制	李寡寡

出　　版	中国社会科学出版社
社　　址	北京鼓楼西大街甲 158 号
邮　　编	100720
网　　址	http://www.csspw.cn
发 行 部	010-84083685
门 市 部	010-84029450
经　　销	新华书店及其他书店

印刷装订	北京君升印刷有限公司
版　　次	2023 年 3 月第 1 版
印　　次	2023 年 3 月第 1 次印刷

开　　本	787×1092 1/16
印　　张	9
插　　页	2
字　　数	101 千字
定　　价	49.00 元

凡购买中国社会科学出版社图书，如有质量问题请与本社营销中心联系调换
电话：010-84083683
版权所有　侵权必究

摘要：习近平总书记在党的二十大报告中指出：从现在起，中国共产党的中心任务就是团结带领全国各族人民全面建成社会主义现代化强国、实现第二个百年奋斗目标，以中国式现代化全面推进中华民族伟大复兴。党的二十大报告要求深入实施区域协调发展战略、区域重大战略、主体功能区战略、新型城镇化战略，优化重大生产力布局，构建优势互补、高质量发展的区域经济布局和国土空间体系。本指数报告紧紧围绕党的二十大会议精神，聚焦中国式现代化新征程的共同富裕与区域协调发展问题，深入讨论了中国式现代化、共同富裕与区域协调发展的关系。

党的十八大以来，在以习近平同志为核心的党中央坚强领导下，区域协调发展战略、区域重大战略、主体功能区战略和新型城镇化战略深入实施，优势互补、高质量发展的区域经济布局加快形成，中国区域协调发展取得历史性的成就，实现了全面建成小康社会的目标，积累了许多宝贵的实践经验。

共同富裕是中国式现代化的重要特征，协调发展是实现共同富裕的必由之路。而解决好区域城乡发展的不平衡不充分问题，促进区域协调发展，推动城乡融合发展，是实现共同富裕的重要途径。浙江的实践表明，现阶段以省域为空间单元、深入探索共同富裕的高质量发展道路是中国式现代化新征程的重点任务。

本报告构建评价指标体系，监测了 2012—2021 年中国区域协调发展的变化。测算结果表明，中国区域协调发展指数呈现稳步上升的态势，人民生活水平差距日趋缩小，省际发展水平差距也逐渐缩小，基本公共服务均等化和基础设施通达程度取得了较大进步，地区比较优势发挥更加充分，绿色低碳协同发展成效显著。然而，也应该看到，中国区域发展不平衡不充分问题仍然比较突出，区域城乡发展水平差距较大，进一步缩小各地区居民收入差距的压力增大，各地区基本公共服务质量有待于提升，推动绿色低碳协同发展体制机制还需加强。在中国式现代化道路上，中国高水平区域协调发展既要增强区域高质量发展动力，又要着力实现全体人民共同富裕，促进人与自然和谐共生。

关键词：中国式现代化；共同富裕；区域协调发展

Abstract: Xi Jinping, general secretary of the Central Committee of the Communist Party of China (CPC), delivered a report to the 20th National Congress. In the report, he put forward the missions and tasks of the Communist Party of China in the new journey of the New Era: from this day forward, the central task of the Communist Party of China will be to lead the Chinese people of all ethnic groups in a concerted effort to realize the Second Centenary Goal of building China into a great modern socialist country in all respects and to advance the rejuvenation of the Chinese nation on all fronts through a Chinese path to modernization. The congress report also argued that the coordinated regional development strategy, major regional strategies, the functional zoning strategy, and the new urbanization strategy would be thoroughly implemented and the distribution of the major productive forces and develop a regional economic layout and a territorial space system that complement each other's strengths and promote high-quality development would be improved. With centering the spirit of the 20th National Congress, the report focuses on common prosperity for all and coordinated regional development in the new journey of Chinese modernization, and then analyzes the relationship among Chinese modernization, prosperity for all and coordinated regional development.

Since the 18th National Congress of the Communist Party of China (CPC), under the strong leadership of the CPC Central Committee with Comrade Xi Jinping at its core, historical achievement in coordinated regional development has been made with finishing building a moderately prosperous society in all respects and valuable practical experiences.

Common prosperity for all is one of the important features of Chinese modernization, and coordinated development will be an effective route to achieve common prosperity for all. Solving the problem on imbalances and inadequacies in urban and regional development, promoting coordinated regional development and integrated urban-rural development will be important ways to achieve common prosperity. The case on Zhejiang province shows that exploration the high-quality development path for achieving common prosperity at the provincial level will be one of Chinese modernization's key tasks.

The report constructs an evaluation index system that can be used to track and analyze the trend of coordinated regional development index. The calculation results show that the index continues to rise from 2012 to 2021, the gaps in people's living standard and per capita GDP at provincial level have narrowed, great advances in the accessibility of infrastructure and the equalization of basic public services have been made, the role of regional comparative advantage has been strengthened, the notable results have been attained in coordinated development of green and low-carbon. However, we must not lose sight of the shortcomings in coordinated regional development: imbalances and inadequacies in development remain a prominent problem, there are still wide gaps in regional development level between urban and rural areas and among 31 provinces, pressure in narrowing regional income gap increases, the quality of basic public services should be improved, the systems and mechanisms of coordinated development of green and low-carbon should been strengthened. In the new journey of Chinese modernization, enhancing development power, achieving the common prosperity and promoting harmony between humanity and nature should be put into practice for coordinated regional high development.

Key words: Chinese Modernization; Common Prosperity; Coordinated Regional Development

目　录

一　党的十八大以来中国区域协调发展的
　　进展情况 …………………………………………（1）
　　（一）中国区域协调发展的实践探索 ………（1）
　　（二）中国区域协调发展的阶段成效 ………（5）
　　（三）中国区域协调发展的问题与困难 ……（11）

二　中国区域协调发展指数评价指标体系与
　　测算结果分析 ……………………………………（15）
　　（一）评价指标体系的构建原则 ……………（15）
　　（二）评价指标体系的研究设计 ……………（17）
　　（三）评价指标体系的测算方法 ……………（25）
　　（四）中国区域协调发展指数结果分析 ……（27）

三　协调发展、共同富裕与中国式现代化 ………（34）
　　（一）中国式现代化道路新在哪里 …………（34）
　　（二）共同富裕是中国式现代化的重要
　　　　　特征 …………………………………（40）
　　（三）在协调发展中扎实推进共同富裕 ……（49）

四 中国区域发展的不平衡不充分问题……（60）
 （一）区域协调发展是中国式现代化道路的
   内在需要 ……………………………………（60）
 （二）中国着力解决区域发展不平衡不充分
   问题的经验做法 …………………………（63）
 （三）现阶段中国区域发展不平衡不充分
   问题的主要表现 …………………………（71）
 （四）解决区域发展不平衡不充分问题的
   主要思路 …………………………………（80）

五 以区域协调发展促进实现共同富裕…………（87）
 （一）共同富裕对区域协调发展的要求 ……（87）
 （二）在实现共同富裕中提升区域发展平衡性
   协调性 ……………………………………（93）
 （三）促进以人为核心的区域协调发展和共同
   富裕 ………………………………………（99）
 （四）浙江高质量发展建设共同富裕示范区的
   主要做法 …………………………………（103）

六 以高水平区域协调发展推进中国式
现代化 ……………………………………………（110）
 （一）加强国家区域战略统筹的顶层
   设计 ………………………………………（110）

（二）实施有利于人口更加充分流动的
政策 …………………………………（112）

（三）提升中西部欠发达地区承接产业
转移的能力 …………………………（114）

（四）完善财政转移支付制度 ……………（115）

（五）支持生态环境治理的多元化
探索 …………………………………（117）

（六）优化国土空间开发秩序 ……………（118）

（七）实施特殊类型地区精准有效的支持
政策 …………………………………（119）

参考文献 ……………………………………（122）

后　记 ………………………………………（125）

一 党的十八大以来中国区域协调发展的进展情况

促进区域协调发展是中国共产党领导社会主义现代化建设的积极探索,是缩小区域城乡发展差距的重大举措,是先富地区带动后富地区、最终实现共同富裕的必由之路。党的十八大以来,中国区域协调发展从理论到实践都得到全面深化,取得了明显的阶段成效,有力推动形成优势互补、高质量发展的区域经济布局。

(一)中国区域协调发展的实践探索

2012年11月,党的十八大在北京成功召开,以习近平同志为核心的新一届党中央领导集体走到了历史舞台的中央,开启了新时代区域协调发展的新探索。

第一,继续深入实施区域发展总体战略。中央坚持以四大区域板块为基本空间单元,把各有侧重、分类发展的战略构想落实落细。从"十三五"规划纲要到"十四五"规划纲要,中央始终保持了战略定力,对西部大开发、东北地区等老工业基地振兴、中部崛起和东部率先发展仍然按照一以贯之的思路着力解决制约这四大区域板块发展的短板和瓶颈,明确这些区域的主攻方向和重点任务。尽管中央在不同时期支持发展的重点区域有所不同,但这也反映了地方政府对本地发展诉求和时代任务的变化。如,"十四五"时期中央明确提出要支持深圳建设中国特色社会主义先行示范区、浦东打造社会主义现代化建设引领区、浙江高质量发展建设共同富裕示范区。

第二,真抓实干实施区域重大战略。2014年以来,习近平总书记亲自谋划、亲自推动了京津冀协同发展、长江经济带发展、粤港澳大湾区建设等区域重大战略落地实施和建设河北雄安新区,尽管这些战略在意图、重点、目标等方面都存在较大的差异,但反映了新形势下区域发展的条件、阶段和任务的变化。党的十九大以来,在习近平总书记亲自谋划和推动下,中央决定实施海南自由贸易港建设、长三角区域一体化、黄河流域生态保护和高质量发展等区域重大战略,体现了中央着力壮大高质量发展动力源、加大流域治理和积极应对区域分化的意图。

第三，扎实实施区域协调发展战略。2017年11月，党的十九大报告首次提出"实施区域协调发展战略"。这个战略成为新发展阶段中央统筹推动四大区域板块发展、区域重大战略、特殊类型地区发展等重点任务的决策部署，比较清晰地勾勒出了我国不同层次和类型区域发展的重点方向。在健全区域协调发展机制方面，2018年，《中共中央国务院关于建立更加有效的区域协调发展新机制的意见》明确提出了区域协调发展的三个基本目标为：基本公共服务均等化、基础设施通达程度比较均衡和人民基本生活保障水平大体相当。这个提法打破了学术界长期以来把区域协调发展简单理解为缩小区域发展差距的认识，也正如习近平总书记所提出的区域协调发展的辩证法："不平衡是普遍的，要在发展中促进相对平衡。"[①]

第四，深化对特殊类型地区振兴发展支持。党的十八大以来，中央大力支持老、少、边、穷等特殊类型地区提高人民群众生活水平，培育发展内生动力，开创发展新局面。中央从维护国家统一、社会大局稳定、民族团结出发，组织中央有关部门和地方对口援疆和援藏，其中，2014—2019年中央财政累计支援新疆2万多亿元，新疆（含兵团）吸引中央企业和援疆

[①] 习近平：《推动形成优势互补高质量发展的区域经济布局》，《求是》2019年第24期。

省市企业投资资金2.38万亿元。① 除此之外，中央加大对革命老区的帮扶力度，2013—2016年中央先后出台了支持赣闽粤原中央苏区、左右江、大别山、川陕等革命老区振兴发展规划，这些规划对这些革命老区脱贫攻坚、改善公共服务、夯实内生发展动力等方面起到积极作用。2021年印发的《国务院关于新时代支持革命老区振兴发展的意见》成为现阶段引领革命老区高质量发展的纲领性文件。

第五，把脱贫攻坚战作为全面建成小康社会的关键之役。中央史无前例打响了脱贫攻坚战，全面消除了绝对贫困问题。并且，经过八年努力，我国在2020年年底如期完成了现行标准下9899万农村贫困人口全部脱贫，创造了人类减贫史上的一个伟大奇迹。为了顺利完成这项艰巨任务，中央采取了专项扶贫资金、对口扶贫、金融贷款、就业培训等多种措施，做到扶持对象、项目安排、资金使用、措施到户、因村派人、脱贫成效"六个精准"，实施发展生产、易地搬迁、生态补偿、发展教育、社会保障兜底"五个一批"，解决好了扶持谁、谁来扶、怎么扶、如何退、如何稳"五个问题"。同时，各级党委充分发挥统筹协调作用，省市县乡村五级书记一起抓扶贫，广大党员干部

---

① 《习近平出席第三次中央新疆工作座谈会并发表重要讲话》，《人民日报》2020年9月26日。

和驻村干部深入基层把扶贫抓实抓细。

总之,党的十八大以来,在以习近平同志为核心的党中央坚强领导下,中国区域协调发展进入更深、更宽领域的实践探索,从中积累了许多宝贵的经验。同时,打破地区分割、促进一体化发展正在成为区域协调发展的重点方向,贯彻新发展理念、推动高质量发展和构建新发展格局引领中国区域协调发展向更高水平迈进。

(二) 中国区域协调发展的阶段成效

党的十八大以来,中国区域协调发展的基本目标更加明确,中央推动区域协调发展的政策框架更加清晰,地方合力推动区域协调发展的重点更加突出。十年来,在中央和地方的共同努力下,中国区域协调发展取得令人瞩目的成就,在人民生活水平改善、基本公共服务均等化、基础设施通达程度、地区比较优势发挥、绿色低碳协调发展等方面实现较大进展,优势互补、高质量发展的区域经济布局加快形成。

第一,各地区居民收入水平差距趋于缩小。2020年中国完成脱贫攻坚任务,历史性解决了绝对贫困问题,实现全面建成小康社会的目标(见图1-1)。从居民收入差距看,各地区居民人均可支配收入差距明显缩小，按现价计算，各地区居民人均可支配收入的变异系数由2012年的0.43下降至2021年的0.39。从各地区发展差距看，各地区人均GDP的差距也表现出下降的趋势。按现价计算，各地区人均GDP的变异系数从2012年的0.46下降至2021年的0.44。从城乡居民收入差距看，中国城乡居民收入差距明显缩小，按现价计算，中国城乡居民人均可支配收入比从2012年的3.11∶1缩小到2021年的2.50∶1。这些指标出现的积极变化表明这十年来中国区域协调发展坚持以人为核心、注重缩小区域城乡居民收入差距的政策发挥了重要作用，取得了显著成效，赢得了民心，获得社会各界广泛"点赞"。

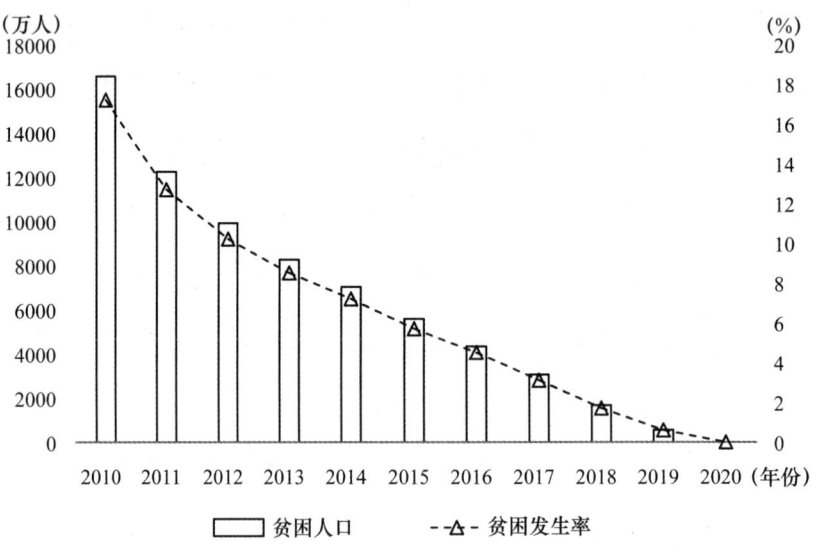

图1-1 中国贫困人口及贫困发生率变化

资料来源：《中国统计年鉴2021》。

第二,基本公共服务均等化全面推进。党的十八大以来中央坚持共享发展,持续加大民生保障投入,不断完善促进基本公共服务区域均等化的体制框架,使改革开放成果能够惠及更多的人民。从人均基本公共服务投入看,各地区人均基本公共服务预算支出差距明显缩小,按可比价计算,各地区人均基本公共服务预算支出的变异系数从2012年的0.45下降至2020年的0.39(见图1-2),各地区人均基本公共服务预算支出由2012年的4990元上升至2021年的9688元。[①] 从社会保障看,我国已建立起全球最大的社会保障体系,基本养老保险覆盖超过9亿人,基本医疗保险覆盖超过13.6亿人,基本实现全民医保的目标。从教育发展看,我国各地区已全面普及九年义务教育并保持较高的巩固率,各地区高等院校毛录取率接近60%,2021年劳动年龄人口平均受教育年限为10.9年,比2012年增加1年。[②] 从医疗卫生看,中央和地方协力推动优质、高效的卫生医疗体系建设,建设了一批国家医学中心和国家区域医疗中心,全国医疗资源布局更加均衡,分级诊疗体系有效解决居民看病难的问题,人均预期寿命从2012年的74.8岁增长到2021年的78.2

[①] 统计口径为教育、医疗、社保就业、文体、城乡社区、住房保障等方面公共服务预算支出。

[②] 资料来源:2022年9月27日,教育部召开的"教育十年"系列发布会。

岁。

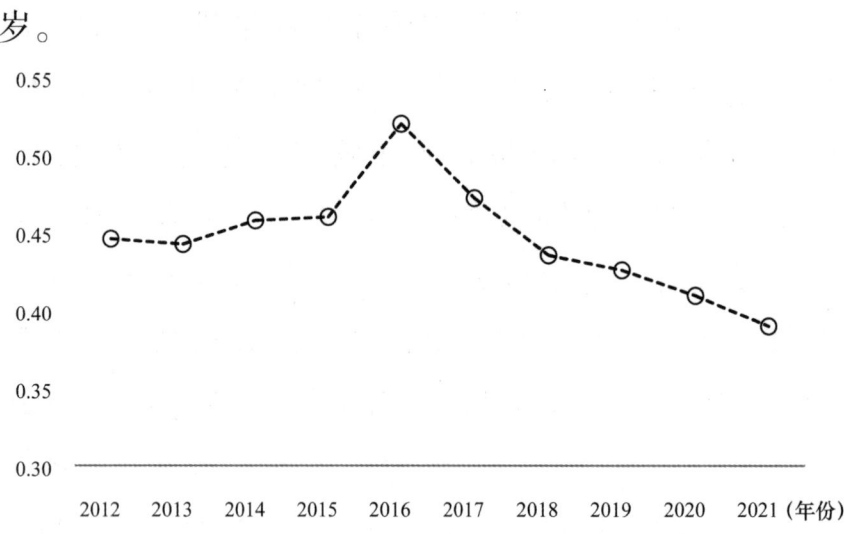

图 1-2 我国人均基本公共服务预算支出地区差距

资料来源：国家统计局网站（https://data.stats.gov.cn/）。

第三，基础设施通达程度显著提高。经过多年的建设，我国已建成了全球最大的高速公路网和高速铁路网，2021年全国高速公路里程达到16.91万千米，高速铁路营运里程达到40139千米，近20个省（区、市）已实现"县县通高速"，高速铁路已能够通达50%的50万人口以上城市。同时，我国已拥有250个民航机场，开通境内外航线5581条，其中在贫困地区，民航服务的人口覆盖率达到83.6%，比2012年提高了13个百分点。[①] 另外，我国数字基础设施进入大规模建设阶段，2021年建成5G基站161.5万个，5G移动

---

① 资料来源：2022年6月10日，中宣部举办的"中国这十年"系列主题新闻发布会。

电话用户数达到 4 亿户，全面实现行政村"村村通宽带"，工业互联网覆盖全国 300 多座城市。①

第四，各地区比较优势更加充分发挥。十年来，中央实施了区域重大战略、主体功能区战略、新型城镇化战略等，使得各地区根据中央赋予地区发展定位和明确的比较优势发展特色产业，优化产业分工布局。一方面，各地区制造业产业结构差异化程度明显提高，地区间产业链上下游联系更加紧密，区际产业分工更加明确。另一方面，青海、西藏等地区作为全国重点生态功能区，筑牢生态屏障，逐步退出矿业开发活动；我国充分发挥粮食主产区作用，运用奖补、行政等多种手段确保了从种业到粮食加工的全产业链安全、可控，维护国家粮食安全。

第五，各地区合力推动绿色低碳协同发展。党的十八大以来，中央把生态文明建设提升到前所未有的高度，采取空前力度推动生态环境保护和治理。我国出现从理念创新到制度创新的全方位突破，绿色低碳协同发展取得了明显成效。从节能减排看，在党中央的统筹领导下，各地区深入推进节能减排降碳，绝大多数的省份能源强度都出现明显下降，并且，各地区也针对"碳达峰碳中和"目标纷纷采取积极应对措施，通过技术创

---

① 资料来源：2022 年 6 月 14 日，中宣部举办的"中国这十年"系列主题新闻发布会。

新、体制创新等多种途径降低碳排放量。2012—2021年全国能源强度和单位GDP二氧化碳排放量分别下降了26.2%、34.4%。① 从大气污染治理看，这十年，我国大气污染治理取得突破性的进展，北方地区PM2.5平均浓度大幅下降，如，2021年京津冀地区PM2.5平均浓度比2013年下降了63%，重度及以上污染天数比2013年减少88%。② 从水环境治理看，在党中央的统一领导下，经过上下游有关地区协同治理，我国重点流域水质明显改善，2021年长江流域和黄河流域Ⅰ—Ⅲ类水质断面占比较2012年分别下降10.9个百分点、21.2个百分点（见图1-3）。

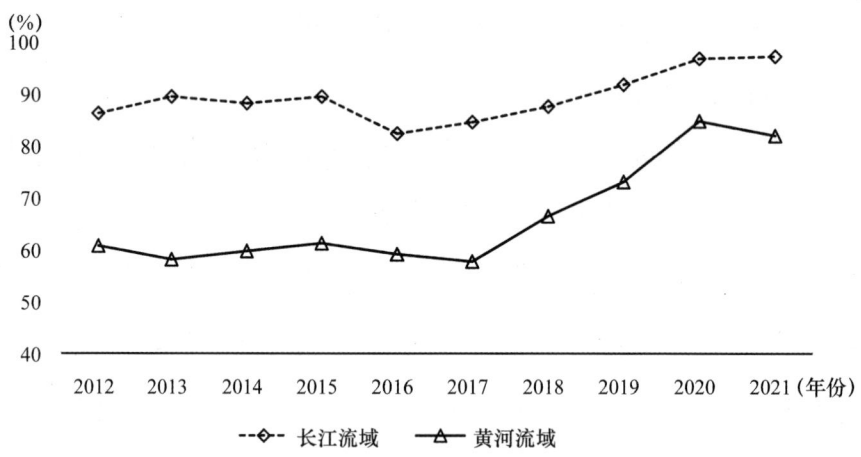

图1-3 中国重点流域Ⅰ—Ⅲ类水质的监测断面占比情况

资料来源：历年《中国生态环境状况公报》。

---

① 资料来源：2022年9月15日，中宣部举办的"中国这十年"系列主题新闻发布会。
② 资料来源：历年《中国生态环境状况公报》。

（三）中国区域协调发展的问题与困难

第一，人口流动的体制性结构性矛盾突出。长期以来，我国人口分布与经济布局还不够协调，人口城镇化水平区域差异较大，人口向东部沿海流动的势头近年来有所放缓。然而，一方面，虽然我国东部沿海发达地区吸纳大量外来人口就业还有很大的潜力，且外来人口现阶段仍是以获得就业机会为主要目的而流动，但外来人口很难享受到跟本地人相当的公共服务，地方政府也缺少强烈的激励政策去推动满足外来人口需求的基本公共服务投入。另一方面，随着人口结构发生了转折性变化，我国劳动年龄人口占比持续下降，人口稀缺性不断凸显，中西部和东北地区很多城市面临企业缺工、消费缺人的窘境，大量人口外流导致很多城市被迫进入收缩式发展，但地方政府短期内难以找到摆脱困境、减量发展的有效路径。

第二，产业梯度转移势头减弱。一方面，随着要素成本持续上涨、外贸环境变化和疫情冲击叠加效应显现，我国东部沿海产业向中西部转移势头明显减弱，一大批外向型加工企业把生产基地转移至东南亚等地区，从而削弱了中西部欠发达地区承接产业转移的机会。虽然中西部欠发达地区并非都要发展制造业，但很多地方有环境容量和要素优势发展一般性制造业。另一方面，随着经济下行压力加大和区域竞争更加激烈，中西部欠发达地区对外来投资的吸引力明显减弱，加之，内需不振进一步降低东部企业到中西部投资设厂的意愿。

第三，财政转移支付作用有所弱化。党的十八大以来，中央继续加大对中西部和东北地区财政转移支付，对这些省份的基本公共服务投入力度是比较大的。虽然财政转移支付有利于推动区域基本公共服务均等化，但越来越多省份财政自给能力下降，中西部很多欠发达地区财政处于收严重不抵支的状态。这种"吃饭财政"在新冠肺炎疫情冲击之下变得更加糟糕，财政吃紧状况使得维持基本公共服务支出变得捉襟见肘、力不从心。并且，巨大的地方债还本付息也给中西部欠发达地区带来沉重负担，从而增加地方政府侵蚀中央财政转移支付资金的可能性。据审计署针对困难群众救助补助资金审计发现，2021年挤占挪用和骗取套取19.74亿元。[①]

第四，生态环境协同治理机制欠缺持续性。当前，一方面，无论是大江大河大湖环境治理还是大气污染

---

① 资料来源：审计署发布的《国务院关于2021年度中央预算执行和其他财政收支的审计工作报告》（https：//www.audit.gov.cn/n5/n26/c10252052/content.html）。

治理都是依靠中央和地方政府共同努力推进的结果，见效比较快，但这种行政性干预难以长期持续下去，如果中央环保督查等监督机制稍有放松，就极有可能导致生态环境质量下降。另一方面，在中央的统一领导下，地方政府开始探索流域上下游契约型协同治污，这种"对赌性"治污方式短期效果明显，协议执行的前提是地方政府具有相当的履约能力和公信力，但在现有体制下这类合作协议容易受到地方政府负责官员更替的影响。

第五，国土空间开发秩序不尽合理。从全国层面看，我国国土空间开发长期停留于纵横分明的轴线开发模式。这种大尺度的开发模式都是基于增量式发展思维，极易导致低密度开发和空间无序蔓延，无益于国土空间整体效率提升。从区域层面看，随着我国高速铁路和高速公路网络建成，以城市群、都市圈为主体的城市化地区已成为产业、人口等经济活动空间载体，但各自为政、松散协作的基本状况导致城市群或都市圈一体化发展水平不高，群体效应、集聚效应或扩散效应不强，与社会各界预期还有不小的差距。从微观层面看，人口居住空间和产业发展空间大规模扩张，住房空置率较高和园区开发强度较低都表明空间开发效率不高，同时，经济活动空间大面积扩张挤压了生态空间和农业生产空间，加剧了生产、生活与生态空间的矛盾。

第六，特殊类型地区振兴发展内生动力不足。虽然中央和地方对特殊类型地区振兴发展采取了很多政策，有很多地区探索出了转型发展的路径，但还是有相当多的特殊类型地区至今仍然没有走出困境，缺少内生发展动力，人口和资金外流比较严重。而且，我国很多特殊类型地区本应该采取减量发展的政策，但对自身发展状况缺少应有认识，还继续采取增量发展的政策，以至于大量要素资源投入并没有真正转化为有效的发展动能。

二 中国区域协调发展指数评价指标体系与测算结果分析

为监测中国促进区域协调发展效果，准确把握区域协调发展基本情况，本章将在相关理论和政策的基础上，构建一个适合长期跟踪监测中国区域协调发展效果的评价指标体系，进而测算和分析2012—2021年中国区域协调发展指数的变化特征。

（一）评价指标体系的构建原则

本章坚持以习近平新时代中国特色社会主义思想为指导，紧紧围绕党的二十大会议精神，坚持以区域协调发展目标为导向，充分体现习近平总书记关于区域协调发展的重要讲话和指示批示和中央促进区域协调发展的有关文件精神，精心设计区域协调发展评价指标体系，借此着重分析党的十八大以来中国区域协调发展取得的阶段效果。为确保评价指标体系科学性、合理性、稳定性，本章在构建指标体系时遵循以下基本原则。

第一，目标导向性原则。在指标体系构建过程中，本章充分体现了党的二十大报告关于促进区域协调发展的重要论述，消化吸收了中共中央和国务院关于促进区域协调发展有关重要文件和会议精神，经过持续研究和修改完善，构建了一个反映我国社会主要矛盾变化、体现高质量发展要求的区域协调发展指数评价体系，从而能够聚焦区域协调发展的基本目标。

第二，问题导向性的原则。评价指标体系设计立足于区域发展不平衡不充分这个重大现实问题，综合考虑了当前影响中国区域协调发展的关键问题、突出问题和前瞻问题，且着眼于问题的要害之处，适当选择问题的靶向性指标，以便发挥其对反映突出问题的"风向标"作用。

第三，区域比较的原则。本章紧扣缩小区域发展差距的实质，在指标体系设计时优先选择那些适合区域间比较的指标，以便于能客观、准确地反映各地区发展水平、发展质量、发展能力等方面差距，使得指数结果更加直观地反映中国区域协调发展效果的变化。

第四，前瞻性的原则。本章充分利用所选取指标对区域协调发展的跟踪监测作用，从中发现一些趋势性、苗头性的问题、主要矛盾变化、政策实施效果等，以便对当前政策实施的阶段效果及时进行反馈。而且，指数结果也可以为中央有关部门今后调整相关政策提供针对性参考依据。

第五，可操作性的原则。在指标和方法选取时，注重指标可得性与稳定性相结合、指标代表性与导向性相结合，充分考虑指标背后的真实意涵和数据采集难易，同时又选择简易、可行、实用的测算方法，确保指数结果能够比较准确地反映不同年度中国区域协调发展的真实变化。

（二）评价指标体系的研究设计

在指标体系的设计过程中，本章紧紧围绕党的二十大精神，充分体现中国式现代化的时代使命、本质特征和贯彻新发展理念、推动高质量发展和构建新发展格局的基本要求，把中国特色社会主义现代化的重大实践与专业理论结合起来。同时，《中共中央 国务院关于建立更加有效的区域协调发展新机制的意见》明确提出"立足发挥各地区比较优势和缩小区域发展差距，围绕努力实现基本公共服务均等化、基础设施通达程度比较均衡、人民基本生活保障水平大体相当的目标"，本章领会文件重要表述，在综合考虑各方面因素的基础上，围绕区域协调发展三个基本目标和两个基本要求这五个目标层来设计评价指标体系（见图2-1）。

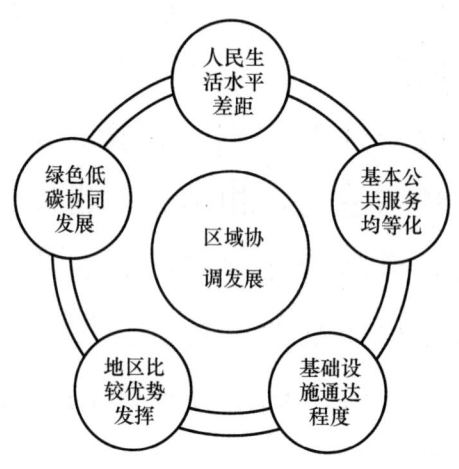

图2-1 区域协调发展指数评价体系构架

在中国区域协调发展指数评价体系构建中，将人民生活水平差距、基本公共服务均等化、基础设施通达程度、地区比较优势发挥、绿色低碳协同发展作为5个一级指标。为充分反映这5个一级指标所代表的重点领域，在每个一级指标下设4个二级指标，每个二级指标明确对应了1个三级指标，共计20个三级指标（见表2-1）。

1. 人民生活水平差距

"人民基本生活保障水平大体相当"是《中共中央 国务院关于建立更加有效的区域协调发展新机制的意见》中明确提出的，是新的发展阶段区域协调发展

表 2-1　　　　　中国区域协调发展指数评价指标体系

一级指标	二级指标	序号	三级指标	权重	指标类型
人民生活水平差距	地区发展水平差距	A1	各地区人均GDP的差距（变异系数）	5	逆向指标
	地区居民收入水平差距	A2	各地区居民人均可支配收入的差距（变异系数）	5	逆向指标
	地区居民消费水平差距	A3	各地区居民人均消费支出的差距（变异系数）	5	逆向指标
	城乡居民收入差距	A4	全国城镇居民人均可支配收入与农村居民人均可支配收入之比	5	逆向指标
基本公共服务均等化	地区人均基本公共服务支出差距	B1	各地区人均基本公共服务预算支出的差距（变异系数）[1]	5	逆向指标
	地区居民受教育程度差距	B2	各地区6岁及以上接受大学专科及以上学历人口占地区常住人口比重的差距（变异系数）	5	逆向指标
	地区医疗服务水平差距	B3	各地区万人卫生技术人员数（人）的差距（变异系数）	5	逆向指标
	地区城乡养老保障差距	B4	各地区城乡基本养老保险参保人数占地区常住人口比重的差距（变异系数）[2]	5	逆向指标
基础设施通达程度	地区高速公路发展差距	C1	各地区高速公路里程与地区人口之比的差距（变异系数）	5	逆向指标
	地区铁路发展差距	C2	各地区铁路里程与地区人口之比的差距（变异系数）	5	逆向指标
	地区高效率出行	C3	各地区开通高铁或民航机场的地级及以上城市数占比的差距（变异系数）	5	逆向指标
	地区信息基础设施差距	C4	各地区光缆线路长度与地区人口之比的差距（变异系数）	5	逆向指标
地区比较优势发挥	人口分布与经济布局协调程度	D1	各地区人口与经济分布的地理集中差异度[3]	5	逆向指标
	劳动力空间配置效率	D2	各地区劳动生产率的差异（标准差）	5	逆向指标
	资本空间配置效率	D3	各地区单位资本产出率的差异（标准差）	5	逆向指标
	制造业地区分工水平	D4	各地区间制造业结构差异化程度[4]	5	正向指标

续表

一级指标	二级指标	序号	三级指标	权重	指标类型
绿色低碳协同发展	能源消耗强度	E1	单位GDP的能源消耗量（吨标准煤/万元）	5	逆向指标
	碳排放强度	E2	单位GDP的二氧化碳排放量（吨/万元）	5	逆向指标
	重点流域水环境协同治理	E3	Ⅰ—Ⅲ类水质断面占长江流域监测的水质断面的比重（%）	5	正向指标
	地区大气污染协同治理	E4	直辖市和省会城市PM2.5年平均浓度的差距（变异系数）	5	逆向指标

注：[1] 统计口径为教育、医疗、社保就业、文体、城乡社区、住房保障等方面公共服务预算支出。

[2] 统计口径为城乡居民养老保险参保人数和城镇职工养老保险参保人数。

[3] 计算公式为：$\sum_{i=1}^{n}\left|\frac{Pop_i}{Pop}-\frac{GDP_i}{GDP}\right|$，$Pop_i$ 表示 i 地区某年人口规模，Pop 表示全国某年总人口；GDP_i 表示 i 地区某年生产总值，GDP 表示某年国内生产总值；n 为 31 个省（区、市）。

[4] 计算公式为：$\sum\left|\frac{m_{ij}}{M_i}-\frac{m_{kj}}{M_k}\right|$，$M_i$、$M_k$ 分别表示 i 地区和 k 地区某年制造业产出规模；m_{ij}、m_{kj} 分别表示 i 地区和 k 地区制造业第 j 行业某年的产出规模。

要实现的基本目标之一。同时，本章根据中国式现代化是全体人民共同富裕的现代化基本特征，选择多个能够反映该特征的指标。在"人民生活水平差距"指标项下设了地区发展水平差距、地区居民收入水平差距、地区居民消费水平差距、城乡居民收入差距4个二级指标。这4个二级指标既包括发展差距现状，又包括人民生活条件、城乡差距，由表及里，涵盖收入和消费能力。各个指标说明如下：（1）区域发展水平差距：利用各地区人均 GDP 的差距，以反映各地区经济发展水平，也说明人民生活水平的经济基础；（2）地区居民收入水平差距：利用各地区居民人均可支配收入的差距指标衡量；（3）地区居民消费水平差距：使用各地区居民人均消费水平的差距衡量；（4）城乡居民收入差距：利用城镇居民人均可支配收入与农村居民人均可支配收入之比进行衡量。

2. 基本公共服务均等化

推动区域基本公共服务均等化是《中共中央 国务院关于建立更加有效的区域协调发展新机制的意见》明确的另一项区域协调发展基本目标。为反映目前中国基本公共服务均等化推进情况，本章选取了地区人均基本公共服务支出差距、地区居民受教育程度差距、地区医疗服务水平差距和地区城乡养老保障差距 4 个二级指标。具体说明如下：（1）为反映地区人均基本公共服务支出差距，本章利用各地区人均基本公共服务预算支出的差距来衡量。其中"基本公共服务"选取了教育、医疗、社保就业、文体、城乡社区、住房保障等方面公共服务预算支出数据进行测算；（2）地区居民受教育程度差距：利用各地区 6 岁及以上接受大学专科及以上学历人口占地区常住人口比重的差距衡量，该指标越大说明各地区人口文化素质差距越大；

（3）地区医疗服务水平差距：利用各地区万人卫生技术人员数的差距来衡量，该指标值越大说明地区医疗服务水平差距越大；（4）地区城乡养老保障差距：使用各地区城乡居民基本养老保险参保人数占地区常住人口比重的差距衡量，该指标值越大则表明各地区城乡社会保障差距越大。[①]

3. 基础设施通达程度

补齐基础设施短板，促进基础设施通达均衡程度提高，是加快区域经济发展，形成畅通全国现代交通物流网络，推进国内大循环的硬件条件。《中共中央国务院关于建立更加有效的区域协调发展新机制的意见》也将基础设施通达程度列为区域协调发展的基本目标。为此，本章设立了4个二级指标来全面反映我国基础设施通达程度，即地区高速公路发展差距、地区铁路发展差距、地区高效率出行、地区信息基础设施差距。这4个二级指标涉及高速公路、铁路、高铁、民航、通信等基础设施，能够反映当前各地区基础设施均衡发展水平。具体指标说明如下：（1）地区高速公路发展差距：利用各地区高速公路里程与地区常住人口之比的差距来反映；（2）地区铁路发展差距：通

[①] 城乡养老参保人数包括城乡居民养老保险参保人数和城镇职工养老保障参保人数。

过各地区铁路运营里程与地区常住人口之比的差距来反映；（3）地区高效率出行：通过各地区开通高铁或民航机场的地级及以上城市数量占比的差距来衡量，如果地级及以上城市通了高铁或民航机场则表明该城市具备高效率出行的条件；（4）地区信息基础设施差距：使用各地区光缆长度与地区常住人口之比的差距来衡量，该指标值越高则说明通信、数字等基础设施发展差距越大。

4. 地区比较优势发挥

我国地区差异较大，各地区发展条件迥异，而地区比较优势充分发挥是实现区域协调发展的有效途径。同时，党的二十大报告提出"优化重大生产力布局，构建优势互补、高质量发展的区域经济布局和国土空间体系"。考虑以上方面，本章设立了人口分布与经济布局协调程度、劳动力空间配置效率、资本空间配置效率和制造业地区分工水平4个二级指标。具体说明如下：（1）人口分布与经济布局协调程度：通过各地区人口与经济分布的地理集中差异度来体现，该指标值越高则表示人口向经济优势地区集中趋势越明显；（2）劳动力空间配置效率：利用各地区劳动生产率的差异来反映，如果地区间劳动生产率差异越大就意味着劳动流动不够充分，配置效率还有提升空间；（3）资本空间配置效率：利用各地区单位资本产出率的差异来度量，如果资本产出率差异程度越高则表示各地区资本空间配置效率越低；（4）制造业地区分工水平：使用各地区制造业结构差异化程度衡量，结构差异化程度越高表示地区分工水平越高。

5. 绿色低碳协同发展

党的十八大以来，我国深入贯彻生态优先、绿色发展的理念，大力推动生态环境区域协同治理。党的二十大报告提出"中国式现代化是人与自然和谐共生的现代化"，这是对绿色低碳协同发展的重要表述。为了反映这10年各地区推动生态文明建设的成就，本章设置了能源消耗、碳排放、水污染治理、大气污染治理4个二级指标。（1）能源消耗强度：利用单位GDP的能源消耗量来度量；（2）碳排放强度：利用单位GDP的二氧化碳排放量来衡量；（3）重点流域水环境协同治理：利用Ⅰ—Ⅲ类水质断面占长江流域监测的水质断面比重从侧面反映重点领域水环境区域协同治理的成效；（4）地区大气污染协同治理：随着大气污染协同治理效果显现，利用直辖市和各地区省会城市PM2.5年平均浓度的差距来度量这种效果。

（三）评价指标体系的测算方法

中国区域协调发展指数评价指标体系是以 2012 年的指标值为基数，通过时序变化观察中国区域协调发展及其不同方面的阶段效果。为了使这项工作可持续和指数结果前后可比较，以下重点介绍指数权重确定、标准化处理、指数合成的方法。

1. 权重确定

本指标体系是以全国或各省（区、市）2012 年的指标值为基数，通过时序变化观察区域人民生活水平差距、基本公共服务均等化、基础设施通达程度、地区比较优势发挥和绿色低碳协同发展五个方面发展的指标值和综合指标值的变动趋势。

对指标体系中的一级指标采取了均等权重的赋值方式，每个一级指标为 20 分。同样采取均等权重方法赋予每个三级指标相同的权重，每个指标权重均为 5 分。

2. 标准化处理

为了保证各个指标层的可加性，首先对各个指标值进行标准化去量纲处理。由于本章的目的是分析中国区域协调发展随着时间推移的纵向变化趋势，因此在综合比较了几种方法后,决定以 2012 年为基期进行标准化处理,处理方法如下:y_t 为某指标的测算值,y_{2012} 为某指标 2012 年的测算值,p_t 为标准化后的指标值。

正向指标标准化处理:

$$P_t = \frac{y_t}{y_{2012}}$$

逆向指标标准化处理:

$$P_t = \frac{1}{\left(\dfrac{y_t}{y_{2012}}\right)}$$

($t = 2012,\cdots,2021$)

3. 指标合成

这里使用指数加权法进行综合评价得出各级指标的指数值。

指数加权分析法的基本公式为:

综合指数 $S = \sum P_i \times W_i \times 100$

其中,P_i 是经过无量纲化处理后得到的测评值,该值乘以相应的权重 W_i 可得到一个分指标的分值,W_i 为第 i 个分指标的权重值;分别计算出各项分指标的分值后再进行加总进而得到各级指标的综合指数。

4. 数据说明

本评价指标体系测算所使用数据均为中央有关部

门和各省（区、市）统计局公开发布的权威数据，数据涵盖2012—2021年。主要资料来源是历年《中国统计年鉴》《中国环境统计年鉴》《中国交通统计年鉴》《中国工业统计年鉴》《中国人口统计年鉴》以及国家统计局、民政部、生态环境部等官方发布的统计公报及其他相关数据。另外，由于数据缺失，在计算能源消耗强度和碳排放强度这两个指标时不包含西藏地区的数据。地区生产总值、财政预算支出等指标数据均经过不变价处理。

（四）中国区域协调发展指数结果分析

测算结果显示，2012—2021年中国区域协调发展指数呈现持续上升的势头，2021年指数值达到123.21（见图2-2）。从图2-3看出，基本公共服务均等化、基础设施通达程度和绿色低碳协同发展是推动区域协调发展的主要力量，2021年，这三个方面指数值分别为143.60、124.07和122.75，比2012年分别提高了43.60、24.07和22.75个百分点；人民生活水平差距和地区比较优势发挥也出现积极变化，2021年这两个方面指数值分别为114.81和110.82，"十四五"开局势头较好。

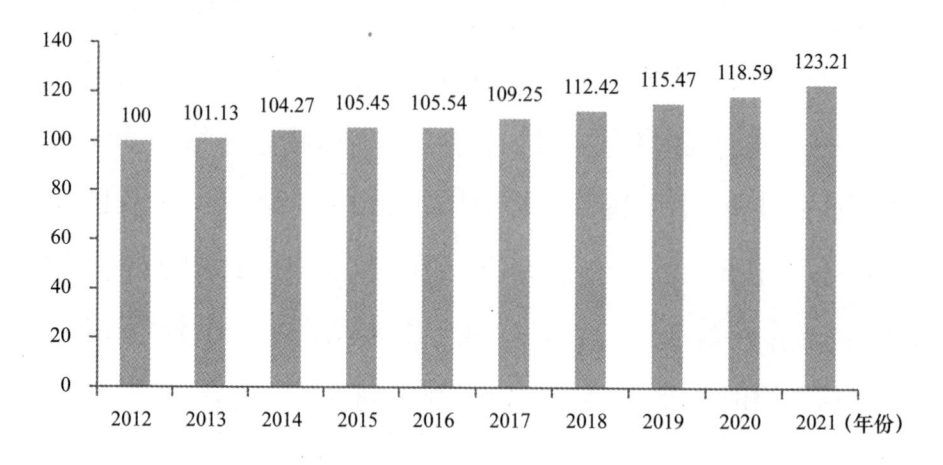

图 2-2 2012—2021 年中国区域协调发展指数的变化趋势

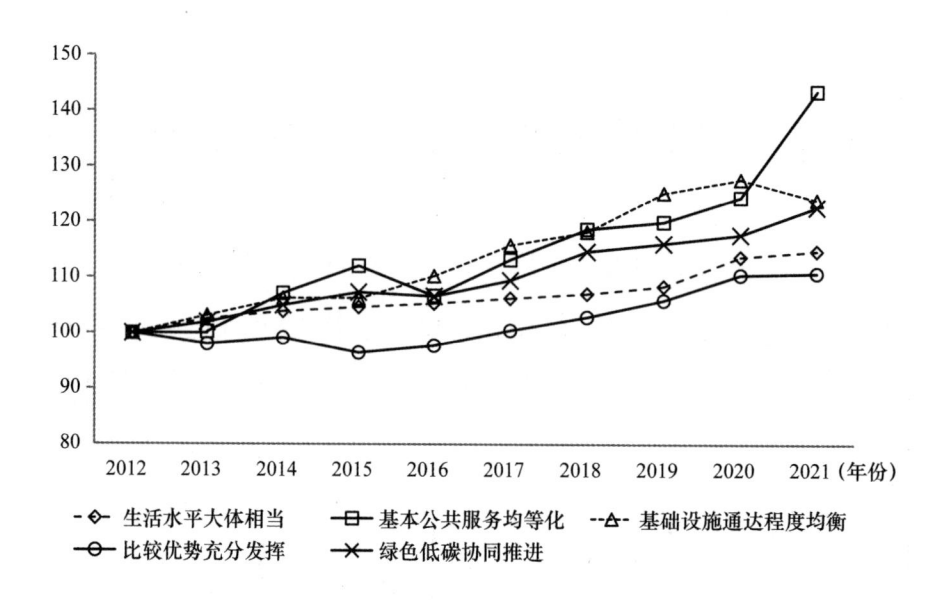

图 2-3 2012—2021 年中国区域协调发展二级指数值变化趋势

1. 人民生活水平地区差距逐渐缩小

人民生活水平差距指数值显示出稳中有进、稳中有升的趋势，2021 年的指数值为 114.81。10 年来，各地区居民消费水平和城乡居民收入差距缩小幅度较大。

在区域发展水平方面,近年来地区发展水平差距有所缩小,各地区人均GDP变异系数值缓慢下降,2021年较2012年下降了4.94%。在居民可支配收入方面,2012—2021年各地区居民人均可支配收入差距的变异系数值下降了8.67%,表现出明显的积极变化,也反映了中国区域协调发展所取得的显著成效。在消费水平方面,2012年以来各地区居民人均消费水平差距缩小趋势比较明显,2021年各地区居民人均消费支出的变异系数值比2012年下降了21.58%,这表明随着人民收入水平提高,居民消费潜力更加充分释放,地区人均消费水平逐渐趋于接近,消费成为拉动人民生活水平提高、促进区域协调发展的重要力量。在城乡居民收入方面,按现价计算,党的十八大以来我国城乡居民人均可支配收入的比率从2012年的2.88∶1下降至2021年的2.50∶1,城乡居民收入差距明显缩小。

2. 基本公共服务均等化大幅进步

党的十八大以来我国大力推进基本公共服务区域均等化,已取得明显成效,2021年基本公共服务均等化指数值为143.60。在人均基本公共服务支出方面,各地区人均基本公共服务预算支出的差距经历了先上升后下降的过程。"十三五"以来国家基本公共服务清单制度实施,各地区基本公共服务供给更加明确、规范。在剔除物价因素的情况下，2021年各地区人均基本公共服务预算支出的变异系数值比2012年下降了6.05%，说明各地区人均基本公共服务均等化显现出成效。在居民受教育程度方面，我国高等教育开始进入普及化阶段发展，各地区6岁及以上大专及以上学历人口占地区常住人口比重的差距逐渐变小，2021年这个指标的变异系数值比2012年下降了33.46%，地区间人口素质差距明显缩小。在医疗服务水平方面，各地区万人口卫生技术人员数的地区差距明显缩小，2021年该指标的变异系数值较2012年下降了36.76%。在城乡养老保障方面，随着我国社会保障体系不断健全完善，各地区城乡养老保险覆盖面差距实现大幅缩小，2012—2021年该指标值的变异系数值下降了37.32%。

3. 基础设施通达程度趋于均衡

随着现代基础设施体系形成，各地区基础设施通达能力大幅提升，2021年基础设施通达程度指数值为124.07。在高速公路发展方面，近年来各地区人均高速公路里程数的差距有所缩小，中西部省份基本实现"县县通高速"，中西部地区出行便利化水平整体得到提高。在铁路发展方面，我国铁路网络比较发达，2021年铁路营业运程达到15.07万千米，尽管人均铁路营运里程数的地区差距有所扩大，但高速铁路网分布更加合理，其营运里程已达到4.01万千米。在高效率出行方面，随着交通强国建设的深入推进，全国高效、便捷、立体的现代交通网络基本形成，各地区高铁站点和民航机场分布密度显著提高，高效率出行的差距明显缩小，地级及以上城市快速出行能力全面、大幅提高，2012—2021年该指标的变异系数值下降了51.18%。随着网络强国和数字中国加快建设，各地区人均光缆线路长度的差距显著缩小，2021年该指标的变异系数值比2012年下降了14.90%，从而为各地区数字经济发展打下了坚实的基础。

4. 地区比较优势发挥更加充分

10年来，我国充分发挥地区比较优势，深化产业地区分工，提高区域经济一体化水平，取得积极成效，2021年地区比较优势发挥的指数值为110.82。在人口分布与经济布局协调方面，2012—2021年人口与经济分布匹配度呈现波动性变化趋势，近年来协调程度持续改善。在要素流动方面，随着要素市场化改革加快推进，各地区间劳动力流动更加充分、有序，劳动力空间配置效率显著提高，2021年这个指标的标准差值较2012年下降了28.97%；而同期资本空间配置效率地区差距仍然较大。在制造业地区分工方面，各地区制造业正在朝着差异化、协作化方向发展，2021年制造业地区分工指数较2012年提高了4.18%。

5. 绿色低碳协同发展成效突出

这10年来，各地区生态环境联保共治效果显现，2021年绿色低碳协同发展的指数值为122.75。在能源利用效率方面，在中央和各地的合力推动下，我国能源排放强度呈现明显下降的趋势。按照2010年可比价计算，2021年单位GDP的能源消耗量比2012年下降了38.64%。在碳排放方面，2012—2021年我国碳排放强度曾出现了剧烈波动，但近年来呈现下降的趋势。在重点流域协同治理方面，长江、黄河、珠江等重点流域水质继续改善，Ⅰ—Ⅲ类水质断面占比超过87%，其中长江Ⅰ—Ⅲ类水质断面占比达到97.1%，已达到较高的水平。在大气污染防治方面，直辖市和绝大多数省会城市优良天数显著增多，空气质量明显好转，细颗粒物（PM2.5）年均浓度呈现下降的趋势，2021年直辖市和省会城市间PM2.5年均浓度的变异系数值比2012年下降22.94%，大气污染协同治理效果较好。

总之，2012—2021年，中国区域协调发展取得历史性的成就，人民生活水平差距日趋缩小，区域发展水平差距也逐渐缩小，基本公共服务均等化和基础设施通达程度取得了较大进步，地区比较优势发挥更加充分，绿色低碳协同发展成效显著。但也应该看到我国区域发展差距仍然较大，各地区现代化基础设施分布还不够平衡，各地区比较优势潜力还有待充分、有效释放。在中国式现代化的新征程中，中国区域协调发展要坚持目标导向与问题导向相结合，加强战略统筹协调，深入实施区域协调发展战略、区域重大战略、主体功能区战略和新型城镇化战略，不断完善区域协调发展机制，加快推动形成优势互补、高质量发展的区域经济布局，夯实各地区实现共同富裕的基础，努力为建设社会主义现代化强国创造有利的条件。

三　协调发展、共同富裕与中国式现代化

党的二十大报告指出，中国式现代化是全体人民共同富裕的现代化。我国已经到了扎实推动共同富裕的历史阶段，但必须清醒认识到，发展不平衡不充分问题仍然突出，这是扎实推动共同富裕的制约因素之一。在实现共同富裕的过程中，需要探索出一条具有平衡性、协调性和包容性的高质量发展路径，在发展的过程中共享发展成果。协调发展是实现共同富裕的必由之路，要在2035年实现全体人民共同富裕取得更为明显的实质性进展，必须以协调发展理念为指导，积极推进区域、城乡、产业和企业的协调平衡发展。

（一）中国式现代化道路新在哪里

习近平总书记指出："我们坚持和发展中国特色社

会主义，推动物质文明、政治文明、精神文明、社会文明、生态文明协调发展，创造了中国式现代化新道路，创造了人类文明新形态。"中国式现代化既切合中国实际，体现社会主义建设规律，也体现人类社会发展规律，实现了对西方现代化理论的全面超越，有着深刻的历史逻辑、理论逻辑、实践逻辑。作为一条现代化新道路，中国式现代化对于推进人类社会现代化进程具有重要理论价值和实践意义。

1. 坚持以人民为中心的发展思想，摒弃西方现代化老路

中国式现代化遵循现代化理论中关于以工业化、市场化、经济全球化促进生产力发展的普遍规律，但其与西方现代化的基本逻辑并不相同，与西方现代化有着本质区别。

中国式现代化摒弃了西方现代化所遵循的生产力发展单纯服从于资本的逻辑，摒弃了西方以资本为中心的现代化、两极分化的现代化、物质主义膨胀的现代化、对外扩张掠夺的现代化老路，既实现了对西方现代化理论的超越，又丰富和发展了马克思主义发展理论。中国式现代化坚持以人民为中心的发展思想，把增进人民福祉、促进人的全面发展、朝着共同富裕方向稳步前进作为经济发展的出发点和落脚点，扎实

推动共同富裕，不断增强人民群众获得感、幸福感、安全感。中国式现代化统筹推进经济建设、政治建设、文化建设、社会建设、生态文明建设，推动新型工业化、信息化、城镇化、农业现代化同步发展，推动物质文明、政治文明、精神文明、社会文明、生态文明协调发展，形成了系统协调的现代文明新形态。围绕满足人民美好生活需要，针对发展不平衡、不协调、不可持续问题，中国式现代化推动经济发展质量变革、效率变革、动力变革，努力实现创新成为第一动力、协调成为内生特点、绿色成为普遍形态、开放成为必由之路、共享成为根本目的的高质量发展。新时代现代化理论的创新突破，指引我国从"现代化的迟到国"跃升为"世界现代化的增长极"。

2. 坚持立足本国国情探索现代化动力机制和战略，给发展中国家走向现代化带来启示

坚持独立自主开辟发展道路，立足本国国情探索适合自己的现代化动力机制和战略，是中国式现代化取得成功的一个重要原因。

从现代化动力机制看，我们党创造性地把社会主义与市场经济有机结合起来，探索建立了社会主义市场经济体制，既充分发挥市场经济提高资源配置效率的长处，又有效发挥社会主义制度集中力量办大事的

优越性；既使市场在资源配置中起决定性作用，又更好发挥政府作用；既充分利用资本在促进生产力发展方面的积极作用，又有效防止资本野蛮生长，实现了有效市场和有为政府的更好结合，让一切劳动、知识、技术、管理、资本的活力竞相迸发，让一切创造社会财富的源泉充分涌流，极大地解放和发展了社会生产力。

从现代化战略看，中华人民共和国成立以来，我们党始终立足本国国情和发展阶段对建设社会主义现代化国家作出战略安排，并以五年规划（计划）的形式加以贯彻落实。进入新时代，以习近平同志为核心的党中央对全面建成社会主义现代化强国作出了分"两步走"的战略安排：从2020年到2035年基本实现社会主义现代化，从2035年到本世纪中叶把我国建成富强民主文明和谐美丽的社会主义现代化强国；并在"十三五""十四五"规划建议中提出一批具有标志性的重大战略，实施富有前瞻性、全局性、基础性、针对性的重大举措。习近平总书记关于立足新发展阶段、贯彻新发展理念、构建新发展格局、推动高质量发展的一系列重要论述，为破解发展难题、增强发展动力、厚植发展优势、加快现代化发展提供了行动指南。适合国情的正确现代化战略，指引我国加快迈上更高质量、更有效率、更加公平、更可持续、更为安全的发展之路。

中国式现代化的成功实践向世人表明,一个后发国家即使不具备先发国家那样的发展条件,只要锚定自己的现代化目标,立足本国国情独立自主探索适合自己的现代化道路,也能实现跨越式发展。

3. 积极倡导文明交流互鉴,打破西方"文明冲突论"对人类文明的桎梏

西方现代化是从农耕文明到工业文明再到信息文明的依次发展过程,形成了传统和现代二元对立的文明观,主张用现代性取代传统性。许多西方学者和政要认为,多种文明不可能和谐相处,必然发生冲突和对立。在西方现代化史上,一些国家利用其工业文明的先发优势对仍处于传统农业文明阶段的国家和民族进行侵略、压迫和奴役。今天,一些西方学者和政客依然在竭力宣扬西方文明等同于现代文明,试图改造其他文明。这加剧了世界范围的文明冲突,不利于人类文明丰富发展。

中国式现代化主张以文明交流超越文明隔阂,以文明互鉴超越文明冲突,以文明共存超越文明优越,探索创立具有包容性的人类文明新形态。我们党坚持把马克思主义基本原理同中国具体实际相结合、同中华优秀传统文化相结合,用马克思主义真理的力量激

活了中华民族历经几千年创造的伟大文明,使中华文明再次迸发出强大的精神力量。坚持弘扬平等、互鉴、对话、包容的文明观,尊重文明多样性,推动不同文明交流对话、和平共处、和谐共生,努力让文明交流互鉴成为增进各国人民友谊的桥梁、推动人类社会进步的动力、维护世界和平的纽带。中国式现代化打破了西方"文明冲突论"对人类文明的桎梏,推动人类创造的各种文明交相辉映、相互尊重、和谐共处。

4. 坚持走和平发展道路,维护世界和平、促进共同发展

习近平总书记指出,我国现代化是"走和平发展道路的现代化"。与西方国家在现代化进程中长期奉行"国强必霸"的丛林法则和对抗性的零和博弈思维不同,和平发展是中国式现代化的重要特征。在推进现代化的过程中,中国始终坚守永远不称霸、不搞扩张、不谋求势力范围的庄严承诺,坚持推动构建人类命运共同体,在努力谋求自身发展的同时,积极为维护世界和平、促进共同发展贡献力量。

当今世界正经历百年未有之大变局,这场变局不限于一时一事、一国一域,而是深刻而宏阔的时代之变。百年变局和世纪疫情相互叠加,世界进入新的动荡变革期。各国人民对和平发展的期盼更加殷切,对公平正义的呼声更加强烈，对合作共赢的追求更加坚定。这更加凸显了走和平发展道路的中国式现代化的重大意义。针对当前世界面临的一系列现代化困境和危机，中国积极推动构建人类命运共同体，推动共建"一带一路"高质量发展，提出全球发展倡议、全球安全倡议，科学回答世界之问、时代之问，指出人类文明进步和现代化发展的正确方向，为建设持久和平、普遍安全、共同繁荣、开放包容、清洁美丽的世界贡献了中国智慧、中国方案、中国力量。

（二）共同富裕是中国式现代化的重要特征

习近平总书记在中央财经委员会第十次会议上指出："共同富裕是社会主义的本质要求，是中国式现代化的重要特征。"充分认识共同富裕这个中国式现代化重要特征的深刻内涵，对于全面理解中国共产党创造的中国式现代化新道路，坚持和发展中国特色社会主义，实现第二个百年奋斗目标，全面建成社会主义现代化强国，具有重要意义。

1. 中国共产党成功创造了中国式现代化新道路

一个国家的现代化，通常表现为一个国家为达到世界先进、前沿和发达水平的发展过程。自18世纪60

年代工业革命以来，工业化成为世界各国现代化的主旨，工业文明取代农业文明成为现代文明的主流和前沿。但在这一次现代化过程中，中国这个文明古国被甩在世界现代化进程的后面。1840年鸦片战争以后，中国逐步沦为半殖民地半封建社会，中华民族遭受了前所未有的劫难。近代以来，拯救中华民族于水火之中、把中国建设成为现代化国家，成为众多仁人志士的伟大梦想。近代中国在历经众多失败的探索之后，是中国共产党带领中国人民成功开启并走上了现代化的中国道路。中国共产党一经诞生，就把为中国人民谋幸福、为中华民族谋复兴确立为自己的初心使命。在新民主主义革命时期完成了反帝反封建历史任务之后，中国共产党领导中国人民建立了中华人民共和国，为建设社会主义现代化国家、实现中华民族伟大复兴创造了根本社会条件，在人口众多、底子薄弱、经济落后的农业大国的基础上，锲而不舍、矢志不渝地推进了新中国的现代化进程。

新中国的现代化进程大体经历了三个时期。一是社会主义革命和建设时期，这一时期确立了社会主义基本制度，推进了社会主义建设，建立了独立的、比较完整的工业体系和国民经济体系，为中国式现代化新道路奠定了根本政治前提和经济基础。二是改革开放新时期，开创了中国特色社会主义道路，中国经济在快速增长中创造了世界奇迹，形成了充满新活力的社会主义市场经济体制，实现了人民生活从温饱不足到总体小康、奔向全面小康的历史性跨越，中国式现代化新道路基本成型。三是中国特色社会主义建设新时代，全面建成小康社会，基本实现了工业化，实现了第一个百年奋斗目标，中国式现代化新道路的理论和制度体系日趋完善，物质基础更为坚实，全国人民对中国式现代化新道路更加自信。

一个国家的现代化是一个复杂的历史过程。虽然各个国家成为世界先进、达到发达水平的目标基本趋同，现代化进程中也遵循关于工业化、市场化、信息化、经济全球化的一些共同的规律，但从整体上看，并不存在一个标准的成功现代化模式或道路。先发的现代化国家的经验虽然对后发国家现代化道路的选择具有借鉴意义，但选择什么样的现代化道路，最终是由一个国家的具体国情决定的，成功的现代化道路一定是符合其基本国情的道路。中国式现代化新道路，是中国共产党将马克思主义普遍原理与中国具体国情进行有效结合形成的，是中国特色的社会主义现代化道路。

1979年3月，邓小平同志明确提出："过去搞民主革命，要适合中国情况。现在搞建设，也要适合中国情况，走出一条中国式的现代化道路。"邓小平同志用"小康之家"这个概念描述了中国式现代化的目标。1982年党的十二大首次提出，经济建设总的奋斗目标是到2000年人民的物质文化生活可以达到小康水平，这就把中国式现代化的目标首次综合表述为"小康"。1987年党的十三大报告进一步把现代化战略部署分为了"三步走"。在1997年的党的十五大报告中，首次规划了"两个一百年"奋斗目标。2002年党的十六大在确认实现了现代化建设"三步走"战略的第一步、第二步目标的基础上，提出在21世纪头20年全面建设惠及十几亿人口的更高水平的小康社会，明确了全面建设小康社会的奋斗目标。2017年党的十九大提出，从党的十九大到党的二十大，既要全面建成小康社会、实现第一个百年奋斗目标，又要乘势而上开启全面建设社会主义现代化国家新征程，向第二个百年奋斗目标进军。

全面建设社会主义现代化国家新征程又分为两个阶段的部署，第一个阶段从2020年到2035年，在全面建成小康社会的基础上基本实现社会主义现代化，第二个阶段从2035年到本世纪中叶，在基本实现现代化的基础上把我国建成富强民主文明和谐美丽的社会主义现代化强国。党的十九届五中全会又具体规划了第一阶段基本实现现代化的具体目标，提出了立足新发展阶段、贯彻新发展理念、构建新发展格局的要求。中国式的现代化，在实现了全面建成小康社会的目标后，正处于向第二个百年奋斗目标迈进的新发展阶段，比历史上任何时期都更接近、更有信心和能力实现富强民主文明和谐美丽的社会主义现代化强国目标。

2. 共同富裕体现了中国式现代化新道路的目标要求和实现路径

现代化作为一个世界范围内的发展现象和发展过程，体现出自18世纪工业革命以来人类社会的总体发展趋势。中国式现代化不仅顺应了这一发展趋势，而且体现出鲜明的中国特色，其最为根本的特点是中国共产党领导的立足于世界第一人口大国这一国情的社会主义的现代化。这个根本的特点决定了，中国式现代化是人口规模巨大的现代化、是全体人民共同富裕的现代化、是物质文明和精神文明相协调的现代化、是人与自然和谐共生的现代化、是走和平发展道路的现代化。

全体人民共同富裕是中国式现代化的重要特征之一，这个特征使得中国式现代化显著区别于西方资本主义国家的现代化。中国共产党领导的中国式现代化是社会主义的现代化，全体人民共同富裕是社会主义的本质要求。改革开放之初，邓小平同志在提出中国式的现代化时，也强调了共同富裕问题，提出"社会主义的本质，是解放生产力，发展生产力，消灭剥削，消除两极分化，最终达到共同富裕。"认为共同富裕是"社会主义的目的""社会主义的原则"和"社会主义最大的优越性"。党的十八大以来，习近平总书记反复强调"共同富裕是中国特色社会主义的根本原则""实现共同富裕是我们党的重要使命""我们追求的发展是造福人民的发展，我们追求的富裕是全体人民共同富裕"，要"让发展成果更多更公平惠及全体人民，不断促进人的全面发展，朝着实现全体人民共同富裕不断迈进"。因此，中国共产党领导的中国式现代化新道路，一定具有全体人民共同富裕这个重要特征，这内嵌于社会主义的本质、目标和原则之中，是社会主义制度优越性的重要体现。

共同富裕可以是一个状态或结果，也可以是一个过程或行为。作为一种状态或结果，共同富裕意味着全体人民都过上富裕美好的生活，是全社会所有人的整体富裕。共同富裕，与贫富悬殊的两极分化"反义"，与平均主义的"均富"不"同义"。共同富裕所描述的不是少数人富裕、贫富差距巨大的状态，也不是平均主义的同等富裕、一样富裕的情况。作为一个过程或者行为，共同富裕意味着共同致富和共同发展，全体人民都有追求发展、勤劳致富的共同权利和机会，通过共同努力和共同奋斗的过程，最终实现全体人民的共同发展。共同富裕也不是没有差别的同步富裕，可以一部分人先富裕起来，先富带动后富。

作为中国式现代化新道路的重要特征，共同富裕作为一种状态或结果，体现为中国式现代化的目标要求，作为一个过程或行为，体现为中国式现代化的实现路径。从目标要求看，习近平总书记指出："共同富裕本身就是社会主义现代化的一个重要目标。"中国式现代化新道路要求最终达到共同富裕这个目标，一方面是要实现社会生产力高度发展、社会全面进步的发达状态，即"富裕"；另一方面是要让现代化成果由全体人民共享，满足全体人民的美好生活需要，即"共同"。共同富裕作为中国式现代化新道路的目标要求，体现了中国共产党为全体人民谋福利的初心使命，也是建成社会主义现代化强国的重要衡量标准。从实现路径看，中国式现代化要求正确处理公平与效率的关系，以共享发展理念为指导，形成人人参与发展过程、人人享有发展成果的公平普惠的环境条件和制度体系，动态把握发展生产力与消除两极分化两方面的现代化战略任务，形成既有利于促进生产力发展又有利于缩小贫富差距的现代化政策体系。

3. 推动全体人民共同富裕取得更为明显的实质性进展

习近平总书记在庆祝中国共产党成立 100 周年大

会上庄严宣告，我们实现了第一个百年奋斗目标，在中华大地上全面建成了小康社会，历史性地解决了绝对贫困问题，正在意气风发向着全面建成社会主义现代化强国的第二个百年奋斗目标迈进。这表明，中国共产党开创的中国式现代化进程步入了一个新发展阶段，按照《中共中央关于制定国民经济和社会发展第十四个五年规划和二〇三五年远景目标的建议》的要求，到2035年人的全面发展、全体人民共同富裕要取得更为明显的实质性进展。因此，在新发展阶段，推动全体人民共同富裕取得更为明显的实质性进展，成为推进中国式现代化、实现第二个百年奋斗目标的一项重大战略性任务。要实现这个任务，必须把握好以下两方面的政策思路。

一方面，保持经济增速处于合理区间，实现2035年人均国内生产总值达到中等发达国家水平的经济增长目标。实现共同富裕首先要保证"富裕"。中国现在是中等收入国家，要通过持续深化改革开放来不断解放和发展生产力，通过创新驱动保证经济增长处于合理区间，才能不断提升"富裕"水平、增强持续做大"蛋糕"的能力。基于现代化规律，一个经济体到工业化后期和后工业化阶段，经济潜在增速便开始下降。根据人口预测模型、资本存量估算、全要素生产率计算等测算结果，我国经济增长还有足够潜力，有能力到 2035 年人均 GDP 基本达到中等发达国家水平。但也要看到，这一发展潜力的基础还有待加强。为此，在新发展阶段，既要保证宏观经济政策的稳定性和连续性，促进供给侧结构性改革与需求侧管理有效协同，以实现经济的潜在增长率；又要通过深化体制机制改革和实施高水平开放，提高科技创新水平和高水平自立自强能力，进一步畅通国民经济循环，不断提升经济潜在增长率。

另一方面，以完善分配格局为重要抓手，在促进高质量发展与构建新发展格局中推动共同富裕。新发展阶段，我国社会主要矛盾是人民日益增长的美好生活需要与不平衡不充分的发展之间的矛盾，提高发展的平衡性、协调性、包容性，实现高质量发展，是新发展阶段深化中国式现代化进程的关键。具体到分配领域，需要关注以下内容：进一步提高居民可支配收入和劳动报酬在初次分配中的份额，继续缩小行业收入差距、城乡收入差距；深化分配体制改革，一次分配注重经济增长的包容性和协调性，二次分配聚焦公平公正，三次分配强化企业社会责任；提高社会流动性，逐步提升全体人民收入水平、财富存量水平，中等收入群体显著扩大。完善分配格局不仅会直接促进共同富裕有实质进展，也会促进以居民消费为主体的内需格局的形成，有利于加快构建新发展格局。

（三）在协调发展中扎实推进共同富裕

2021年年底召开的中央经济工作会议指出，要正确认识和把握实现共同富裕的战略目标和实践途径。实现共同富裕目标，首先要通过全国人民共同奋斗把"蛋糕"做大做好，然后通过合理的制度安排把"蛋糕"切好分好。这是一个长期的历史过程，也是实现中国式现代化的必然要求。要稳步向这一目标迈进，需要在实现共同富裕的过程中探索出一条具有平衡性、协调性和包容性的高质量发展路径，在发展的过程中共享发展成果。这就意味着发展的过程要协调，以协调发展实现共享发展的结果，强调通过区域平衡发展、产业协调发展、企业竞合共生的协调发展路径，既促进生产力发展、实现富裕，又缩小贫富差距、实现共享。协调发展是共同富裕的必由之路，要在2035年实现全体人民共同富裕取得更为明显的实质性进展，必须以协调发展理念为指导，积极推进区域、城乡、产业、企业的协调平衡发展。

1. 大力促进高水平区域协调发展

重视区域协调发展战略促进共同富裕的作用，提升区域协调发展水平，增强区域政策的协调性和平衡性。区域协调发展一直是我国经济发展的重大战略问题。中华人民共和国成立后至改革开放前的计划经济时期，国家重大生产力布局在很大程度上决定了区域经济的发展水平。改革开放后，沿海开放战略和市场化资源配置机制逐步完善，东部沿海地区发展迅速，形成了东中西梯度发展格局。2000年以来，随着西部大开发、东北振兴、中部崛起等区域战略先后付诸实施，区域发展的不平衡不协调问题有所缓解。党的十八大以来，在深入实施已有的区域协调发展战略基础上，又积极推进京津冀协同发展、长江经济带发展、长三角一体化发展、黄河流域生态保护与高质量发展、粤港澳大湾区建设、海南全面深化改革开放等战略，区域协调发展取得重大进展，从人民生活水平、基本公共服务均等化、基础社会通达程度、地区比较优势发挥和绿色低碳协同发展等方面考察，区域间的差距都有明显缩小，其中基础设施通达程度和基本公共服务均等化两方面的表现更为突出。但在居民收入水平和消费水平方面，区域间的差距仍然较大。总体来看，当前各地区教育、医疗、养老等公共服务发展还不够均衡，促进各地区相对均衡发展仍是一项长期性的艰巨任务。而且，虽然东中西部区域发展差距逐步缩小，但是南北之间的差距有所扩大，东北三省的经济增速自2013年以来一直显著低于全国增速。

从共同富裕视角审视区域发展问题，一方面，这对区域协调发展提出更高要求，制定和实施区域协调发展战略就显得更为重要，2021年的中央经济工作会议就提出，区域政策要增强发展的平衡性协调性；另一方面，也要调整区域协调发展的思路，更加强调以人为核心的区域发展战略。区域发展战略的制定要尊重客观经济规律，发挥各地区比较优势，允许各类要素合理流动和高效集聚。共同富裕本质是全体人民的共同富裕，劳动力跨区域流动有利于提高全体人民收入水平，这就要求进一步打破人员流动的体制机制障碍，尽快实现养老保险全国统筹，形成全国统一开放、竞争有序的商品和要素市场，改革土地管理制度，使人员流动和要素转移更加畅通无阻。从共同富裕角度看，区域协调发展不仅意味着人均GDP低的地区对人均GDP高的地区的追赶，而且更加强调缩小不同区域基本公共服务均等化、基础设施通达程度等方面的差距。2021年中央经济工作会议提出的健全常住地提供基本公共服务制度，无疑是一项促进共同富裕的针对性政策。要增强经济发展优势区域的经济和人口承载能力，使这些优势区域集聚更多流动人口、提高流动人口收入水平。与此同时，还要强化其他地区保障粮食能源安全、生态安全、边疆安全等方面的主体功能。要全面建立生态补偿制度，完善财政转移支付制度，建立健全区际利益补偿和调节机制，切实加大生态补偿、财政转移支付、利益补偿的力度，缩小区域人均财政支出差异，加大对欠发达地区的支持力度，推动主体功能区和欠发达地区的居民基本公共服务水平、基础设施水平、收入和消费水平等提升速度高于发达地区。

2. 深入推进城乡协调发展

协同推进城镇化战略和乡村振兴战略，提升城乡协调发展水平，缩小城乡居民收入差距。城乡差距一直是我国协调发展需要解决的重大问题。改革开放之初，家庭联产承包责任制提高了农村劳动力和土地资源的配置效率，再加上对工农产品价格的调整，农村居民收入快速上升，1978—1983 年城乡居民收入比曾出现过短暂下降，1983 年城乡居民收入差距达到历史最低水平，城乡收入比为 1.82 倍。之后，随着城市改革的不断深入、工业化和城镇化进程的加速推进，城乡居民收入差距不断加大。到 2007 年，城乡居民收入差距达到最高水平，城乡收入比为 3.14 倍。此后，随着一系列促进农民增收的政策开始显现效果，城乡居民收入差距呈现明显下降趋势。尤其是党的十八大以来实行的城乡社会保障一体化、脱贫攻坚战和乡村振兴战略，提高了农村居民的收入与福利待遇，缩小了城乡居民的收入差距，到2021年城乡收入比已降到2.5倍。特别是2016年以来，随着精准脱贫效果逐步显现，农村地区低收入群体的收入得到明显提升。

进入新时代，我国积极推进以人为核心的新型城镇化战略、全面实施乡村振兴战略，对缩小城乡差距、提升城乡协调发展水平发挥了重要作用。从共同富裕的要求看，还需要进一步协同推进这两个战略，这也有助于推动新型工业化、信息化、城镇化和农业现代化同步发展。全面实施乡村振兴战略，要求强化以工补农、以城带乡，形成工农互促、城乡互补、协调发展、共同繁荣的新型工农城乡关系，加快推进农业现代化；而以人为核心的新型城镇化战略，要以城市群、都市圈为依托促进大中小城市和小城镇、乡村协调联动发展，深化户籍制度改革和土地制度改革，健全农业转移人口市民化机制，加快步伐和加大力度推进农业转移人口市民化。要提高推进乡村振兴战略和以人为核心的新型城镇化战略二者之间的协同性，最为关键的是健全城乡融合发展、产业融合发展的体制机制，形成城乡生产要素平等交换、双向流动的完善的政策体系。在我国现代化进程中，总体上城镇化水平落后于工业化水平，农业现代化水平落后于工业现代化水平，信息化与工业化深度融合还不够，为此，必须针对协同发展的这些"短板"，以国家投资为引导，吸引大量社会资本进行"补短型"投资。从产业看,要以信息化水平提升为手段,促进第一、第二和第三产业的融合发展,提高工业和农业发展的协同性,丰富乡村经济业态,提升农业现代化水平和农民收入水平;从区域看,打破城乡要素流动的体制机制障碍,促进乡村与城镇的融合发展,在推进都市圈建设、城市群一体化发展中包容和带动县城、乡镇发展,提升乡村基础设施和公共服务水平,改善乡村人居环境,提高农村居民财产收入水平。

3. 大力发展实体经济

从体制机制上扭转实体经济与虚拟经济的结构失衡,推进金融、房地产与实体经济的协调发展,缩小行业收入差距。近些年来,我国经济发展的矛盾主要方面在供给侧,而供给侧矛盾虽然有周期性和总量性的因素,但根源还是结构性失衡,主要表现为金融和房地产的发展与实体经济失衡。一直以来,金融等虚拟经济部门不断扩大,导致出现"脱实向虚"的发展趋势。2011年中国制造业占 GDP 比例为 32.1%,到 2021 年快速下降到 26.29%;而金融业增加值占 GDP 比例从 2011 年的 6.3% 提高到 2016 年的 8.4%,已超过美国在 2008 年发生国际金融危机时的最高比例 7.8%。[①] 虽然近些年供

---

① 资料来源:相关年份的《中国统计年鉴》。

给侧结构性改革力度加大,"脱实向虚"趋势有所遏制,但金融增加值占GDP比例仍保持在8%左右。在金融业快速增长的同时,实体经济却普遍面临融资难、融资贵问题,大量资金在金融系统内自我循环或流入房地产行业,助推实体经济资金成本不断提升,金融、房地产与实体经济之间的发展更加不协调。这种失衡在从业人员收入上的体现,就是金融、房地产业员工收入水平远高于实体经济各行业员工收入水平。2003年以来,城镇非私营单位金融业人均工资与制造业人均工资之比从1.6倍上升到2010年的2.3倍,随后有下降的趋势,到2021年仍有1.63倍。[①] 制造业是立国之本、兴国之器、强国之基,其与金融、房地产业发展的不协调问题不仅不利于经济高质量发展,而且由此带来的收入差距扩大还是分配不公的表现,从共同富裕的要求看,必须要加以清理和规范。

党的十九大提出,建设现代化经济体系,必须把发展经济的着力点放在实体经济上,把提高供给体系质量作为主攻方向。"十四五"规划再次强调,坚持把发展经济着力点放在实体经济上,加快推进制造强国、质量强国建设。真正从体制机制入手,解决"脱实向虚"的结构性失衡问题,推进金融、房地产与实体经济的协调发展,这既是我国经济高质量发展的需

[①] 资料来源:相关年份的《中国统计年鉴》。

要，也是扎实推进共同富裕的要求。2020年6月国务院常务会议提出2020年全年金融支持实体经济让利1.5万亿元，此项政策措施在疫情冲击背景下虽然具有重要意义，但更为关键的是深化金融供给侧结构性改革，健全具有普惠性的现代金融体系，加快构建金融为实体经济服务的体制机制，持续扩大制造业中长期贷款、信用贷款、技改贷款的规模，加大股权融资、债券融资等向制造业倾斜的力度，不断创新和完善直达实体经济的货币政策工具，坚持"房住不炒"的房地产定位。尤其是要持续完善现代金融监管体系，补齐监管制度短板，加大对金融、房地产行业收入分配管理，整顿收入分配秩序，建立风险全覆盖监管框架，提高金融监管的透明度和法治化水平。要重视金融的短期风险与实体经济长期风险的平衡，解决阻碍经济有效循环、导致"脱实向虚"的一系列长期结构失衡问题，实现金融、房地产和实体经济协调发展，从而缩小行业收入差距，扎实推进共同富裕。

4. 充分发挥市场主体的作用

协调产业政策与竞争政策，构建大中小企业、国有企业与民营企业、互联网平台企业与一般传统企业竞合共生的良好发展生态，清理规范不合理收入，重视企业社会责任。坚持和完善社会主义基本经济制度，激发各类市场主体活力，努力培育更有活力、更多数量的各类市场主体，是我国推动经济发展和实现经济现代化的必然要求。大量富有活力、各种类型的市场主体，是我国现代化经济体系的基础，各类市场主体协调发展，是培育中等收入群体、扎实推进共同富裕的必然要求。由于企业的规模、所有权性质、业务特性存在差异，决定了不同类型企业在市场的功能定位、竞争地位都不同。相对于大型企业而言，一般中小企业尤其是小微企业具有先天的规模竞争劣势，稳定性和抗风险能力较差；相对于国有企业而言，一般民营企业会面临特殊的发展问题，例如准入限制、贷款受限等；而相对于一般企业而言，平台企业具有网络效应、边际成本为零、外部经济性等经济属性，有着走向寡头垄断或完全垄断的便利性。但从市场整体看，各类企业都有自己的重要功能，都有自己生存发展的必要性，尤其是中小企业、民营企业在解决就业、促进共同富裕方面发挥了重要作用，一个完善的市场需要各类市场主体公平竞争、协调发展。在收入分配上，不同类型企业会有不同的收入水平，尤其是大企业、国有企业和平台企业有可能因垄断地位而获得相对高的收入，这就需要加强对其出现的垄断行为进行有效规制。

促进各类企业协调发展，最根本的手段是在强化竞争政策基础地位的前提下有效协同产业政策与竞争政策。一方面，要强化竞争政策的基础地位，不断完善竞争政策框架，构建覆盖事前、事中、事后全过程的竞争政策实施机制，强化公平竞争审查制度的刚性约束，加大反垄断和反不正当竞争执法力度，防止资本无序扩张，加快推进能源、铁路、电信、公用事业等行业竞争性环节的市场化改革，强化对自然垄断性业务的监管。另一方面，要积极推进产业政策与竞争政策的协同。强化竞争政策的基础地位并不意味着不需要产业政策，关键是要推进产业政策从强选择性向功能性转型，通过市场或非市场的方式为产业提供科学技术、人力资本等公共服务，通过创新体系建设或公共服务体系建设，如共性技术研发机构、技术扩散服务机构和项目、针对中小企业的法律服务等，为产业和企业提供特定的服务以提升其发展能力；要加大知识产权保护力度，建立知识产权侵权惩罚性赔偿制度，塑造良好产业生态和竞争环境。从收入分配角度看，整顿收入分配秩序，坚决取缔非法收入，坚决打击内幕交易、操纵股市、财务造假、偷税漏税等获取非法收入行为，努力把各行业收入差距控制在合理合规范围之内，加大对垄断行业收入分配管理，清理分配乱象。

还需要强调的是，在共同富裕背景下，企业协调发展要把企业社会责任放在更为重要的地位。企业努力承担社会责任，其理论逻辑在于企业不是追求股东利益最大化的组织，而应该是包含股东在内的企业所有利益相关者（还包括员工、消费者、供应商、债权人、社区、政府、生态环境等）的利益最大化，这本质上是全体人民共同富裕要求的企业微观理论逻辑的具体化。企业履行社会责任的意义绝不仅仅在于通过慈善等活动进行第三次分配来助力共同富裕，而是要在企业的价值理念、战略导向、经营活动中全面体现出各方利益相关者的要求，这会直接影响到初次分配和再分配。因此，重视积极推进企业社会责任，对推进共同富裕具有重要意义。我国从2006年开始，一直重视和倡导企业社会责任，2006年公司法最早明确要求公司从事经营活动要承担社会责任，2008年国务院国资委发布《关于中央企业履行社会责任的指导意见》，上海证券交易所印发《关于加强上市公司社会责任承担工作暨发布〈上海证券交易所上市公司环境信息披露指引〉的通知》，2013年党的十八届三中全会明确要求国有企业承担社会责任，2018年证监会发布新版《上市公司治理准则》，要求上市公司贯彻落实创新、协调、绿色、开放、共享的新发展理念、弘扬优秀企业家精神、积极履行社会责任。总体而言，我国企业社会责任水平一直在不断上升，但推进企业社会责任依然任重道远。

四 中国区域发展的不平衡不充分问题

我国已如期全面建成小康社会，开启社会主义现代化新征程，继续深入探索中国式现代化道路。党的二十大报告指出，中国式现代化是全体人民共同富裕的现代化。从区域发展看，实现中国式现代化要继续促进区域协调发展，推动形成优势互补、高质量发展的区域经济布局，统筹解决区域发展不平衡不充分问题。

（一）区域协调发展是中国式现代化道路的内在需要

中国区域协调发展走过了从理念到实践、从政策到战略和逐渐摸索、认识规律的过程，脱贫攻坚是中国区域协调发展的一次伟大实践，东部、中部、西部和东北的协调发展和特殊类型地区发展都是区域协调发展战略的重要组成部分。区域协调发展是大国崛起、稳定持续发展的必由之路，是我国巨大人口规模和超大市场规模优势协同发挥的有效途径，对顺利走好中国式现代化道路和取得社会主义现代化目标都具有重大的意义。

中国式现代化道路是以习近平同志为核心的中共中央站在新的历史起点上对中国社会主义现代化建设的深刻认识和蓝图设计，这是中国特色社会主义的伟大实践。学术界对这个概念内涵和理论基础进行研讨和阐释，已形成了一些有代表性的观点。[①] 党的二十大报告明确了中国式现代化的基本特征：一是中国式现代化是人口规模巨大的现代化；二是中国式现代化是全体人民共同富裕的现代化；三是中国式现代化是物质文明和精神文明相协调的现代化；四是中国式现代化是人与自然和谐共生的现代化；五是中国式现代化是走和平发展道路的现代化。需要指出的是，中国式现代化道路绝不是关起门来搞发展的现代化，是高水平开放、与世界各国和平共处的现代化道路，充分体现了中国国情、中国文化、中国制度、中国崛起的时

---

① 任理轩：《中国共产党与中国式现代化新道路》，《人民日报》2021年10月28日第9版；黄群慧、杨虎涛：《中国式现代化道路的特质与世界意义》，《人民日报》2022年3月25日第9版。

代特征。

一方面，中国式现代化道路必然要求我国各地区全面实现社会主义现代化目标，但不是搞齐步式或杀富济贫式，而是允许少部分地区、少部分先富带动后富，进而实现共同富裕。这就要求我国要深入实施区域协调发展战略，充分发挥社会主义制度优势，通过发达地区率先发展带动后发地区发展，在深入总结对口帮扶等工作经验基础上深入探索既有制度优势、又体现市场经济特点的区域合作共赢模式，既要发挥发达地区示范带动和帮扶作用，又要改善好后发地区发展条件，进而实现全国各地区更加充分发展。另一方面，中国式现代化道路追求城乡融合发展，既要持续提高城镇化质量，让农村人口进城安居乐业，促进城乡基本公共服务均等化、一体化发展，避免出现集中成片的城市棚户区；同时也要实施乡村振兴发展，巩固脱贫攻坚成果，全面改善农村生产生活条件，让农村在城镇化进程中不凋敝不落伍，继续保持其在维护粮食安全、生态安全中的特殊作用。由此看出，中国式现代化要着力破解我国区域城乡差距过大，特别是具有固化风险的区域分化趋势，逐步解决区域发展不平衡不充分问题。

在新发展阶段，深入实施区域协调发展战略，解决区域发展不平衡不充分问题，对于早日实现共同富裕目标，走实中国式现代化道路具有重要的现实意义：一是有利于加快构建形成新发展格局。实施区域协调发展战略就要打破地区分割，促进要素和商品有序自由流动，加快市场一体化，从而为新发展格局创造更加坚实的现实条件。二是有利于更好发挥超大规模市场优势。实施区域协调发展是大国崛起和实现各地区优势互补高质量发展的必由之路，不仅能够为全国建设统一、开放、公平的市场环境打下基础，还能够扩大内需、挖掘内需潜力，从而激发和强化超大规模市场优势。三是有利于加快实现全体人民的共同富裕。实施区域协调发展战略是各地区实现优势互补、相互促进、共同发展的政策依托，是各族人民共同富裕的重要保障，不仅能够加快构建区域均等化的基本公共服务体系，还能够实现各地区居民收入大致相当，确保基础设施通达程度接近。

（二）中国着力解决区域发展不平衡不充分问题的经验做法

党的十八大以来，以习近平同志为核心的党中央高度重视解决区域发展不平衡不充分问题，将之列为国家大政方针来抓，努力为下一阶段如期实现共同富裕积累更多的经验，同时也取得了较大的进展，脱贫攻坚战取得了全面胜利，我国消除了绝对贫困，各地区发展水平差距由扩大转为缩小，各地区居民人均可支配收入差距有所收敛，城乡居民人均可支配收入之比由2012年的2.88（农村居民收入=1）下降至2021年的2.50。[①] 在取得成绩的同时，也在以下方面产生了一些具有代表性的经验做法。

1. 组织实施脱贫攻坚战，为全球减贫事业作出重大贡献

党的十八大以来，经过八年齐心协力和艰苦攻坚，我国在2020年年底如期完成了现行标准下9899万农村贫困人口全部脱贫，创造了人类减贫史上的一个伟大奇迹。按照每人每年2300元（2010年不变价）的农村贫困标准计算，2010—2020年，我国实现了16567万人口全部脱贫的任务，贫困县全部摘帽，绝对贫困实现历史性清除。[②] 2020年，我国全部贫困地区农村农民人均可支配收入达到12588元，比上年实际增长了5.6%，国家贫困县建档立卡户"两不愁三保障"和饮水安全有保障全面实现，累计8889.2万户建档立卡户享受有关帮扶政策（见图4-1），1109万

[①] 资料来源：国家统计局（https://data.stats.gov.cn/）。
[②] 资料来源：《中国统计年鉴2021》。

人被地方政府纳入最低生活保障范围,实现应保尽保。①

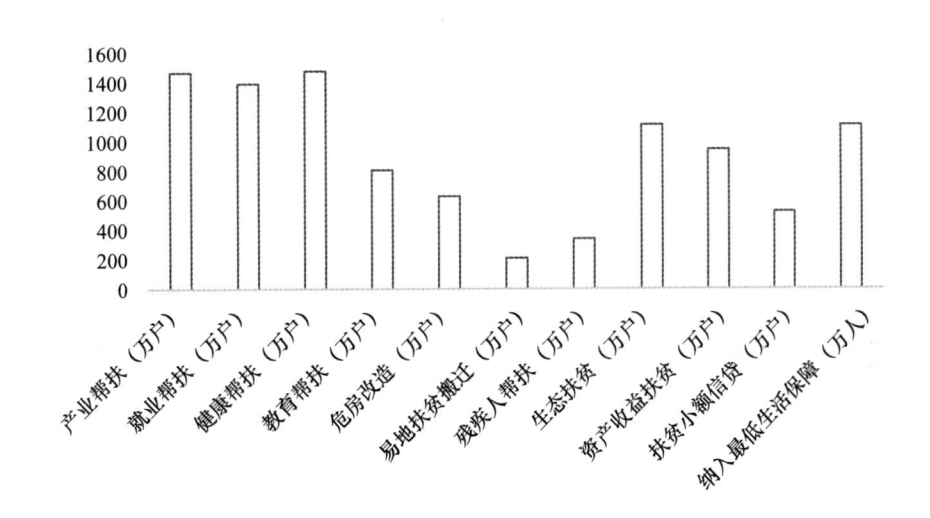

图4-1 国家贫困县建档立卡户享受有关扶贫政策的基本情况

资料来源:《中国统计年鉴2021》。

在脱贫攻坚战中,中央和地方大胆摸索和创新实践,因地制宜探索出一些符合国情、契合民意、适合推广的好经验好做法②:一是做好顶层设计。以习近平同志为核心的党中央坚持把脱贫攻坚摆在治国理政的突出位置,加强党的集中统一领导,精心做好顶层设计,建立脱贫攻坚责任体系、政策体系、组织体系、投入体系、动员体系、监督体系、考核评估体系等制

---

① 资料来源:《中国统计年鉴2021》。
② 国务院新闻办公室:《人类减贫的中国实践》,人民出版社2021年版。

度体系。二是实施精准扶贫方略。坚持扶贫先精准识贫，做到扶持对象、项目安排、资金使用、措施到户、因村派人、脱贫成效"六个精准"，实施发展生产、易地搬迁、生态补偿、发展教育、社会保障兜底"五个一批"，解决好扶持谁、谁来扶、怎么扶、如何退、如何稳"五个问题"。三是构建多元资金投入体系。2013—2020年各级政府财政专项扶贫资金累计投入15980亿元，通过土地增减挂钩的资金投入4400多亿元，东部9省市向扶贫协作地区提供财政援助和社会帮扶资金1005亿元，东部企业到扶贫协作地区累计投资超过1万亿元，各类金融扶贫贷款累计发放105788亿元。四是扶贫与扶智相结合。加强贫困群众教育培训，提升他们发展生产和务工经商的基本技能，同时采用生产奖补、劳务补助、以工代赈等方式引导他们依靠劳动创造幸福，鼓励他们从身边的自强不息、奋斗脱贫的先进典型学起、做起。五是加强党的领导。各级党委充分发挥统筹协调作用，省市县乡村五级书记一起抓扶贫，广大党员干部和驻村干部深入基层把扶贫抓实抓细。

2. 深入实施区域协调发展战略，遏制住了区域差距扩大的趋势

党的十八大以来，我国继续深入实施区域协调发

展，缩小了各地区基本公共服务和居民收入差距，促进各地区比较优势更充分发挥，初步建立了适应大国治理的区域政策体系，有效遏制了区域差距持续扩大趋势。据分析，2012—2021年各地区人均GDP的变异系数值呈现了先上升后下降的态势（见图4-2），各地区人均GDP差距有所收敛。各地区居民人均可支配收入、人均消费水平和人均基本公共服务预算支出相对差距都呈现出不同程度缩小趋势，这些指标的变异系数值近年来都有所下降（见图4-3）。并且，在南北差距扩大的趋势下，"十三五"时期我国南北方全要素生产率都有所上升，北方地区全要素生产率回升幅度较大，与南方差距明显缩小。[①] 这意味着，如果供给侧结构性改革效果能够得到巩固，那么南北差距扩大趋势从长期来看还是有可能实现扭转的。

在中央的统一部署下，中国区域协调发展战略的逻辑和政策框架更加清晰，也产生了一些有益的经验做法：一是按照"一盘棋"思路统筹推动区域协调发展。"十四五"时期，新时代西部大开发、中部地区高质量发展、东北等老工业基地全面振兴发展等战略继续实施，中西部高质量发展内生动力明显增强，东北等老工业基地结构性、体制性问题逐步解决；京津

[①] 邓忠奇、高廷帆、朱峰：《地区差距与供给侧结构性改革——"三期叠加"下的内生增长》，《经济研究》2020年第10期。

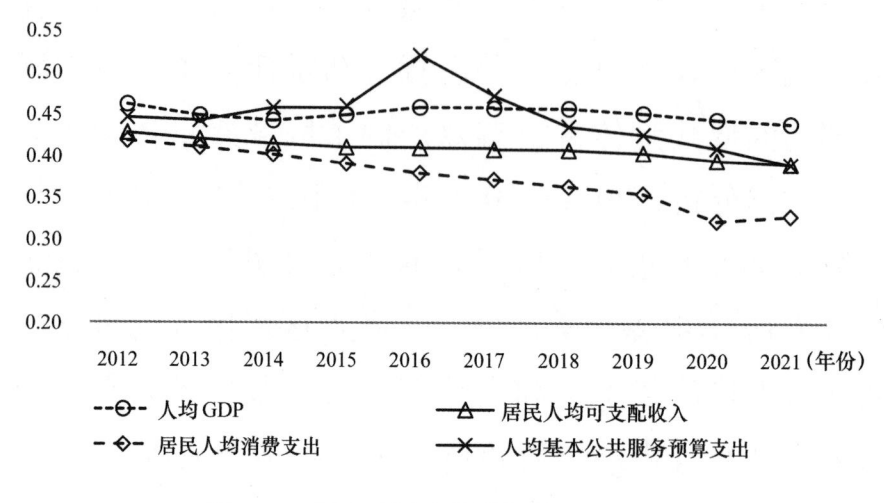

图 4-2 中国区域发展指标的变异系数值变化

资料来源：国家统计局（https://data.stats.gov.cn/）。

冀协同发展、粤港澳大湾区建设、长三角区域一体化等区域重大战略大力实施，区域一体化进程明显加快。二是实施大江大河生态治理。中央和地方各级政府坚持生态优先、绿色发展，推进长江经济带发展和黄河流域生态环境保护和高质量发展，实施长江、黄河等干支流生态环境系统、科学、全面治理。三是支持老少边穷等特殊类型地区发展。中央有关部门因地制宜支持了中央苏区、陕甘宁、大别山、川陕、左右江等革命老区脱贫攻坚与振兴发展，实施了兴边富民行动、扩大沿边开放等重大举措。四是大力发展海洋经济。中央有关部门批准设立了威海、日照、连云港等14个海洋经济发展示范区，沿海省份加强海洋生态环境治理和保护，积极发展海洋新兴产业。

3. 推进以人为核心的新型城镇化，着力提高城镇化质量

党的十八大以来，我国城镇化率从2012年的53.1%上升至2021年的64.72%，走出了一条具有大国特色的新型城镇化道路。① 从人口城镇化看，2021年我国城镇人口达到91425万人，比2012年增加19250万人，而农村人口这期间下降了13912万人。② 从城市建设用地面积看，2021年全国城市建设用地面积达到59424.59平方千米，比2012年增加了13673.90平方千米。从人均住房面积看，2021年我国城镇居民人均住房面积超过了41平方米，比2012年增加了8.1平方米。③ 从城乡社会保障覆盖面看，2021年我国城乡居民参加基本养老保险人数为54797.38万人，占全国总人口的38.79%，比2012年提高了3.2个百分点。④ 进一步分析发现，"十三五"时期我国各地区人口分布与经济布局更趋协调，协调指数值由2016年的0.33下降至2020年的0.29（见图4-3），

---

① 资料来源：国家统计局（https：//data.stats.gov.cn/）。
② 资料来源：《中国统计年鉴2021》。
③ 资料来源：国家统计局发布《固定资产投资效能平稳提升 优化供给结构关键作用不断增强——党的十八大以来经济社会发展成就系列报告之八》（http：//www.gov.cn/xinwen/2022-09/23/content_5711353.htm）。
④ 资料来源：《中国统计年鉴2021》。

这表明了人口出现向经济优势地区集中的趋势。

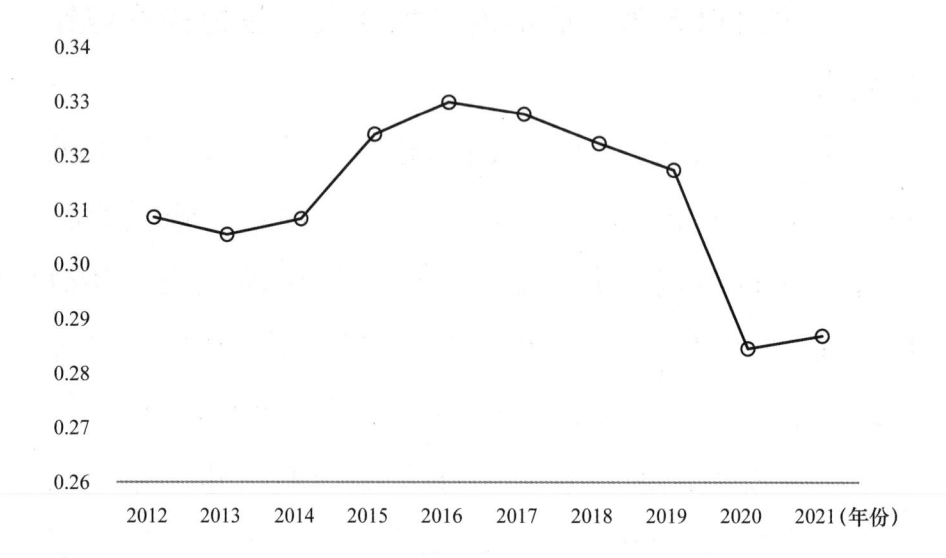

图 4-3　各地区人口与经济布局协调指数值变化①

资料来源：国家统计局（https://data.stats.gov.cn/）。

城镇化是人口大国走向现代化的必由之路。我国坚持走以人为核心的新型城镇化道路，持续提高城镇化质量，探索出一些具有中国特色的经验做法②：一是加快农业转移人口市民化。除了北京、上海等少数城市之外，全国绝大多数城市取消了落户门槛，居住证

---

① 注：人口与经济布局协调指数的计算公式为：$\sum_{i=1}^{n=31}\left|\frac{Pop_i}{Pop} - \frac{GDP_i}{GDP}\right|$，$Pop_i$ 表示 i 省份人口，Pop 表示全国人口规模，GDP_i 表示 i 省份地区生产总值，GDP 表示国内生产总值。

② 陈亚军：《新型城镇化建设进展和政策举措》，《宏观经济管理》2020 年第 9 期。

承载的基本公共服务和办事便利项目明显增加,"人地钱"挂钩政策开始实施,基本公共服务呈现均等化、标准化、普惠性。二是支持城市群和都市圈发展。中央支持京津冀、长三角、珠三角等城市群和武汉、福州、南京等都市圈发展,通过交通一体化、产业转移协作、生态环境协同治理等途径深化城市群和都市圈协同发展,进而促进大中小城市协调发展和区域一体化。三是提高城市品质和承载能力。各级政府推进一批棚户区、老旧小区、传统街区等改造升级,修复城市生态系统,保护历史文化街区,建设智慧城市。四是有序推进城乡融合发展。中央制定城乡融合发展的实施意见,完成了城乡融合发展的顶层设计,在全国11个地区开展试验区试点工作,在城乡人口流动、农村集体经营性建设用地入市、产业协同等方面深化相关体制改革。

(三)现阶段中国区域发展不平衡不充分问题的主要表现

1. 区域分化趋势具有固化的潜在风险

当前,我国解决区域发展不平衡不充分问题应先分析区域经济分化的特征,进而确定解决问题的"突破口"。事实表明,我国区域经济分化态势是各地区经济恢复性增长不同步与经济结构调整形成的长期分化相互叠加的表现，具有以下趋势特征。

第一，南北差距扩大呈现加剧之势。尽管有学者指出，我国现阶段南北差距扩大更集中表现为南北增速的差异，然而，如果从南北地区人均GDP比较看，2012年以来北方地区与南方地区人均GDP之比出现明显下降，2020年我国南北方人均GDP的差距最大，北方地区与南方地区人均GDP的比值为0.77，2021年这个比值上升至0.80（见图4-4），原材料工业较快增长是导致2021年南北方人均GDP差距略微缩小的重要原因。进一步看，南北分化表现为以下两个鲜明的特征：一是北方地区出现制造业"空心化"。根据第三次和第四次全国经济普查数据，2018年东部、中部、西部和东北地区制造业从业人员分别较2013年年末下降了16.05%、12.87%、19.74%和45.00%。虽然制造业劳动生产率提高将相应减少从业人员，但北方地区部分省份在工业化尚未全面完成的背景下就出现了制造业从业人员短时期内大幅减少的不正常现象，2013—2018年，黑龙江、天津、辽宁、吉林、内蒙古等省区市制造业从业人员下降幅度超过30%，制造业出现了衰退的倾向。二是北方地区重点城市综合实力全面弱化的现象突出。有机构发布的《2020年中国城市高质量发展指数报告》显示，大连、沈阳、哈尔滨、乌鲁木齐、呼和浩特、石家庄、长春、太原、银川等城市在全国城市高质量发展排名中位列30名之外，这份报告从侧面说明了北方地区重点城市综合实力明显下降，这是我国南北差距扩大的一个显著特征。制造业"空心化"与中心城市实力下降相互叠加，使得以工业化与城镇化相互促进为区域经济增长动力系统功能显得"力不从心"，从而导致了北方地区经济增长动力弱化。

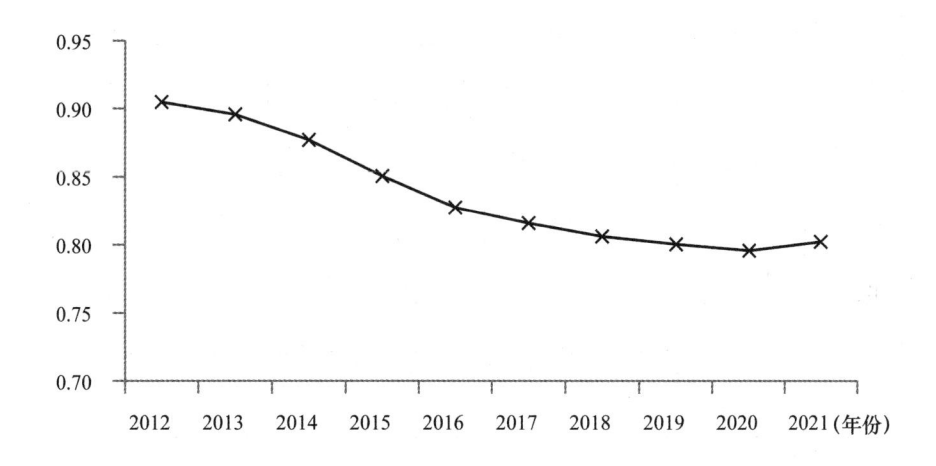

图4-4 北方地区与南方地区人均GDP的比值变化[①]

资料来源：国家统计局（https://data.stats.gov.cn/）。

[①] 注：北方地区为北京、天津、河北、山西、内蒙古、辽宁、吉林、黑龙江、山东、河南、陕西、甘肃、青海、宁夏、新疆15个省（区、市）。南方地区为上海、江苏、浙江、安徽、福建、江西、湖北、湖南、广东、广西、海南、重庆、四川、贵州、云南、西藏16个省（区、市），鉴于数据可得性，本报告数据不包括香港、澳门和台湾地区。

第二，东北老工业基地实现全面振兴困难较大。虽然中央针对东北等老工业基地全面振兴出台了一系列的文件，但从目前来看，这些政策实行的实际效果低于社会预期，东北三省经济增速较低，大量人口外流。近年来，通过实地调研也发现了一些现象：地方政府官员和国有企业高管普遍存在"等靠要"意识，形式主义、官僚主义现象较多，各种形式的制度性交易成本较多、较高，不少年轻人反映对东北发展信心不足，中心城市对高层次人才吸引力明显下降。这些现象的直接后果是，东北经济地位明显下降，东北地区人均 GDP 与全国平均水平差距持续扩大（见图 4-5）。这种趋势既有体制性、结构性和地理性因素，又有其相对其他地区发展条件弱化而导致大量要素流出的因素。所以，这些直观现象值得深刻反思，如果继续单纯依靠各级政府强力推动东北老工业基地全面振兴，那么其效果可能是事与愿违。从图 4-5 看出，即使中央在 2003 年 10 月和 2016 年 4 月先后实施了《中共中央 国务院关于实施东北地区等老工业基地振兴战略的若干意见》《中共中央 国务院关于全面振兴东北地区等老工业基地的若干意见》这两个旨在促进东北老工业基地振兴发展的重要文件，但都未能改变东北地区人均 GDP 与全国平均水平日趋增大的"喇叭口"。

第三，中西部"强省会"战略导致了省域发展阶

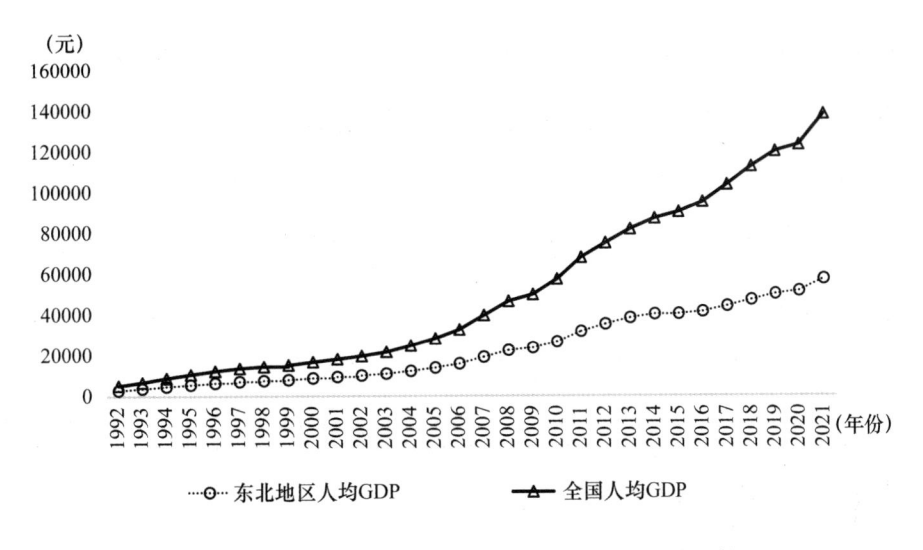

图 4-5 东北地区人均 GDP 与全国平均水平的比较

资料来源：国家统计局（https：//data.stats.gov.cn/）。

段性不平衡加剧。在"强省会"战略的带动下，2021年武汉、郑州、成都、西安等城市地区生产总值占全省的比重分别达到了 35.42%、21.55%、36.99% 和 35.87%，长沙、昆明、贵阳等城市地区生产总值占全省的比重也分别达到 28.81%、26.61%、24.05%。[①] 目前，绝大多数中西部省份都出现了省会城市"一市独大"的现象，这种现象与省会城市承接重大产业项目、实施重大基础设施投资、大规模推进城市住房建设等有关，尤其是大规模投资拉动作用最为明显。而"强省会"战略无疑是导致省域内部发展更加不平衡的重要原因。不可否认，在经济增长压力的倒逼之下，

---

① 资料来源：国家统计局（https：//data.stats.gov.cn/）。

在新一轮区域发展格局中,中西部省份能否承接国内外产业梯度转移,加速推进工业化和城镇化进程成为关系到本地区能否顺利跨过"中等收入陷阱",实现现代化的重大战略问题。因而,在激烈的区域竞争中,地方政府必然优先选择"强省会"这种增长极发展战略,以期"先富"带动"后富"。然而,"强省会"现象造成的省域内部差距扩大是阶段现象还是持久现象,仍是一道没有破解的谜题。

2. 人口结构转变给区域增长传统路径带来挑战

第一,人口增速大幅放缓带来新的挑战。2021年,全国人口比上年净增长了48万,人口出生率为7.52‰,比2011年下降了5.75个千分点,人口自然增长率由2011年的6.13‰下降至2021年的0.34‰,河南、黑龙江、辽宁、吉林、云南、湖南等省的常住人口较上年分别减少了54万人、60万人、30万人、32万人、31万人、22万人。[①] 四川、山东、安徽等人口大省常住人口净增长规模大幅缩水,均在10万人以内。绝大多数省份常住人口增速放缓甚至负增长的势头表明了我国加速进入老龄化社会,人口结构转变将改变我国长期以来依靠丰富劳动力换取较高增长的发展路径,这势必对那些尚未完成工业化任务或产业处

---

① 数据来源:《中国统计年鉴2022》。

于衰退状态的地区的未来发展构成新的挑战。

第二,人口向经济优势地区集中将带动就业和消费的"双转移"。根据第六次和第七次全国人口普查数据,2010—2020年,北京、浙江、福建、广东、海南、重庆、贵州、宁夏、西藏、新疆等省(区、市)人口增长超过10%,其中,2020年广东、浙江、福建和江苏人口占全国的比重比2010年分别提高了1.14个百分点、0.51个百分点、0.19个百分点、0.13个百分点。相比之下,山西、内蒙古、辽宁、吉林、黑龙江、甘肃等省份都出现人口净减少的现象,特别是东北三省2010—2020年人口净减少了1100万人。并且,由于年轻人口是这些省份流出人口的主体,人口外流不仅影响当地劳动力供给,还减缓了当地消费增长。

3. 特殊类型地区亟须针对性、稳定性、持续性的援助

第一,中央苏区、革命老区、少数民族地区、边疆地区等特殊类型地区内生发展动力不足。虽然脱贫攻坚战已取得全面胜利,但中央苏区、革命老区、少数民族地区、边疆地区等特殊类型地区巩固脱贫攻坚成果任务异常艰巨,不仅受制于自身发展的现实条件,还遇到了大规模人口外流、外部环境冲击等挑战。不仅如此,少数民族地区还要破解文化传承保护、文化

教育水平提高、社会和谐稳定等问题，边疆地区也要着力解决维护国家主权和边疆稳定、基础设施建设、经济社会发展等问题。

第二，资源型地区转型发展压力很大。近年来，内蒙古、山西、新疆等资源型地区进入转型发展的关键时期，但这些省份非资源性产业尚处于培育壮大阶段，产业规模小、竞争力弱。同样，有些资源枯竭型城市传统优势产业大面积衰退，接续产业没有发展起来，经济社会发展陷入困境。在绿色低碳发展的背景下，这些资源型地区要摆脱传统发展路径，进而实现"换轨"发展，其难度很大，不确定性风险较多。而且，在"双碳目标"约束下，我国资源型地区在尚未走上绿色发展之路的情形下将遇到来自中央对碳达峰、碳减排的考核压力。

4. 体制改革面临的阻力多、任务重

第一，体制改革不彻底、不配套阻碍了城镇化质量进步。有些地方只是通过行政区划调整、征地拆迁、村改居等方式让农民实现了户籍"农改非"，但并未改变农民生产生活方式，也没有让农民享受城镇基本公共服务。有些城市治理水平偏低，城市管理粗放，公共安全事件多发，城市规划科学性和前瞻性明显不足。有些省份推动城乡融合发展力度偏弱，投入资金

不足。有些省份片面追求"强省会"战略，过度支持省会城市发展，而忽视了其他城市发展需求，特别是对人口收缩型城市发展重视不够。

第二，以地融资的发展体制推高了地方政府的债务风险。我国长期以来实施依靠出让土地和通过土地抵押获得城市基础设施建设和公共服务配置的投入资金，然而，随着"三条红线"划定和中央对地方债规范和治理力度加大，这种依靠建设用地持续扩张的发展方式增大地方政府的债务风险，显然已经难以为继。在这样的背景下，如果新的制度供给没有跟上，将急速增大地方政府财政支出压力，削弱地方政府服务社会发展的能力，特别是提供公共服务能力，进而影响到地方政府积极性和地方社会稳定。

第三，基本公共服务实现区域均等化的难度很大。即使中央有关部门已制定了基本公共服务标准体系，但在现实操作中，各地区的教育、医疗、养老、社会保险等方面还存在较大的水平和质量差距。同时，由于地区之间属地管理和行政分割，基本公共服务一体化遇到诸多体制障碍，很难实现"跨省通办"或"漫游享受"，这就给人口自由流动带来很大的障碍。并且，各地区对外来人口还保留着各种制度性排斥，使得外来人口很难享受与本地市民同等均质的基本公共服务。

（四）解决区域发展不平衡不充分问题的主要思路

针对当前存在的一些突出现象和区域经济分化之势，现阶段中央有关部门和地方不能袖手旁观，而应该深入调查实际情况，对这些现象和区域分化趋势有总体的判断，及时采取必要的应对措施，防范有些问题进一步恶化或演变成为系统性的问题。

1. 防范南北差距持续扩大并转化为差距固化的风险

第一，加大营商环境督察考评力度。中央有关部门应用好"考核棒"，加大对北方地区有关省（区、市）营商环境重点督察，深入基层巡察暗访，及时发现地方企业和群众反映的营商环境问题，查处地方政府官员不作为、乱作为现象，督促地方政府对营商环境建设要不留死角、整改到位。通过开展专项督察倒逼地方政府下更大的功夫改善营商环境。中央有关部门可以邀请第三方开展营商环境评价，每年公开发布营商环境评价报告，以评促改，调动地方政府深化营商环境体制机制改革。

第二，增强北方地区中心城市综合实力。沈阳、长春、石家庄、太原、西安等省会城市要加快发展现代化都市圈，带动大中小城市协同发展。中央有关部门应大力支持大连、哈尔滨、乌鲁木齐等城市提升对外开放能级，支持西安、郑州等国家中心城市依托大通道和交通枢纽优势建设世界级物流枢纽。华北、西北、东北等地区要持续推进区域性生态环境治理，大力改善城市生态环境，提高北方地区中心城市宜居水平。

第三，建立区域分化跟踪监测分析机制。中央有关部门应建立区域分化跟踪监测工作专班，加强对其未来走势和影响后果的研判，特别是要及时发现经济增速持续放缓、人口外流严重、主导产业衰退的地区，采取精准有效的区域援助政策，避免这类地区转化为问题区域。中央有关科研院所和高校可以组织团队开展区域分化重大专项研究，加强对国内外区域分化现象规律性研究，对当前南北差距的阶段性作出前瞻性判断，积极为党中央国务院重大决策提供支撑。

2. 超常规推进新时代东北等老工业基地全面振兴发展

第一，引导人口和骨干企业向中心城市集中。一方面，鉴于东北地区人口外流范围较大，有关地方政府应积极改善就业、住房、教育等条件，吸引劳动年龄人口特别是接受过高等教育人口向沈阳、大连、长春、哈尔滨等中心城市集中。相应地，省级财政预算支出和建设用地指标适当向这些中心城市倾斜。另一方面，中央有关部门应适时、稳妥地推动中国一重集团等部分中央企业整体搬迁至哈尔滨等中心城市，防止这些企业因人才流失和人才老化而出现创新能力大幅下滑，进而威胁"国之重器"产业链供应链稳定安全。

第二，把中心城市作为新时代东北等老工业基地全面振兴发展的主战场。当前，中央有关部门应研究启动东北等老工业基地全面振兴综合配套改革，优先将沈阳、大连、哈尔滨、长春等区域性中心城市作为试点，赋予这些城市在科技创新、国企改革、民营经济发展、对外开放、行政管理体制等方面更大的改革权限，支持试点城市实施机关事业单位聘用制和国有企业合同用工制。有关部门应从东部沿海发达省份选拔一批政治可靠、年轻有为的干部到这些中心城市任职，以上率下带动干部队伍年轻化、知识化，明显改善城市政治生态。

第三，设立对口援助产业合作示范区。中央有关部门应继续引导北京、上海、深圳、江苏、广东等地做好对口支援东北三省振兴发展，支持东北三省深入对接京津冀、长三角和珠三角地区产业园区，积极引入园区管理模式，把产业园区管理模式输出作为合作的重点。辽宁、吉林和黑龙江应坚持以点带面、渐进推进的思路，将本地的一批国家级或省级经开区、高新区作为对口援助产业合作示范区，通过"传帮带"、委托管理、外聘团队等方式实施园区管理变革。同时，为了更好地促进双方务实合作，东北三省应从区位条件较好、配套相对完善、发展潜力较大的园区中遴选出若干个园区作为对口援助产业合作示范区，这些示范区在双方协商一致的情况下采取"理事会＋园区公司＋公共服务中心"治理模式，引入市场化园区运作机制，同时强化地方政府之间的契约关系。

3. 找准关键核心问题增强特殊类型地区内生发展动力

第一，改善中央苏区和革命老区振兴发展的软硬环境。中央有关部门应采取政策问诊式的方式深入中央苏区和革命老区，实地了解各类惠及中央苏区和革命老区的政策落实到位情况，聚焦政策落实的梗阻问题进行逐一突破。同时，加快贯穿中央苏区和革命老区的高铁、高速公路、民航机场等重大交通基础设施布局，因地制宜改善制约革命老区发展的基础设施"瓶颈"。中央和有关省市要创新对口帮扶方式，通过干部交流、能力培训、异地挂职等方式加大对中央苏区和革命老区干部队伍能力建设的援助。中央有关部门要加大对中央苏区和革命老区有关地市营商环境的督导，选派有关领域专家和领导干部指导地方政府改善营商环境。

第二，多措并举维护少数民族地区和边疆地区繁荣、稳定发展。中央有关部门要继续实施援疆、援藏等政策，因地制宜推动民族区域自治制度改革完善，从筑牢中华民族共同体的战略高度提高少数民族地区汉语教育水平和培养中华民族认同感。继续加大对少数民族地区社会发展设施投入，改善教育、卫生医疗、就业培训等公共服务设施。继续实施富民兴边行动，因地制宜在边境地区撤县设市，培育沿边地区发展增长极，建设一批沿边支线机场，优化沿边交通枢纽和口岸布局，鼓励发展进口加工组装型的开放平台。实施"智慧守边"工程，大力建设沿边数字基础设施，着力改变长期以来依靠边民守边的做法。

第三，大力引导资源型地区差异化转型发展。中央有关部门应编制资源型地区转型发展指导方案，鼓励不同地区结合自身比较优势和发展条件探索差异化转型路径，大力发展文化旅游、现代农业、智能装备、绿色能源、大数据等特色产业，促进资源性产业与非资源性产业动态协调发展。鼓励资源枯竭型城市引入市场化模式治理矿山、矿坑，鼓励企业利用矿山、矿坑发展文化旅游产业，培育发展数字矿山、数字旅游等新业态。支持资源型地区绿色低碳发展的试点，率先开展"双碳"目标攻坚行动，探索适合资源型地区低碳发展的路径。鼓励资源富集地区大力推动能源资本优势转为创新资本优势，通过科技金融手段加大对未来产业的战略布局，避免能源资本变为炒房资本。

4. 通过体制改革和科技创新破解协调发展的难题

第一，全面提升城镇化质量。支持有条件城市全面取消农业转移人口落户门槛，推动基本公共服务覆盖到未落户的常住人口，有序推进"农转非"人员市民化。鼓励各地积极探索以人民为中心、城乡融合发展的新型城市治理体系，通过数字化、法制化、公众参与等途径促进城市治理能力现代化。完善城乡融合发展的配套激励政策，推动国家城乡融合发展试验区改革成果及时总结推广，全面推开农村集体经营性建设用地直接入市，清除影响工商资本进入农村地区发展的体制障碍，支持有条件地区探索建立新时代乡村现代治理制度，充分发挥驻村第一书记、农村致富能手、外出务工经商人员、高校毕业生等群体在乡村治理中的积极作用。

第二，深化促进制造业高质量发展的体制机制改革。持续推动体制机制创新，强化有效制度供给，着力降低制造业企业综合成本，改善企业融资环境，纠正金融机构发放贷款的所有制歧视，支持中心城市试点工业用地保护，建立最低工资弹性调整机制。鼓励有条件地区建立工业技术研究院，编织产学研用协作纽带，促进技术有效转化应用。支持高校科研机构与企业建立社会化的创新伙伴关系，促进基础研究与应用研究互动，带动创新链、产业链与资金链更好结合。

第三，强化有利于保障地方财政收入的制度供给。继续深化财税体制改革，把培育地方发展财力作为突破口。建立激励导向机制，完善对中西部和东北地区一般性财政转移支付机制，遏制住"等靠要"作风。加快房产税改革试点，适时启动全国推广，拓展地方财政收入来源，扭转地方财政收入对土地财政的强依赖。继续完善分税制改革，提高财政预算收支的效率，引导发达地区根据产业发展的需要扩大税源。

第四，构建"智能+"优质公共服务体系。以省（区、市）为基本单位，支持有条件地区率先用数字化、智能化的技术手段建立省域全覆盖的优质教育医疗服务网络，促进优质公共服务的供需精准匹配度。鼓励各地通过政府购买服务、用户付费等方式吸引企业发展远程医疗、远程教育、远程就业培训等业态，扩大优质公共服务供给。在京津冀、长三角、珠三角等重点区域，地方政府可以设立"区域优质公共服务专项基金"，重点支持优质公共服务共建共享体系建设。

五　以区域协调发展促进
　　实现共同富裕

党的二十大报告指出，共同富裕是中国特色社会主义的本质要求，也是一个长期的历史过程。实现共同富裕的关键在于完善区域协调发展的战略框架、机制体系和政策体系，着力解决比较突出的区域发展不平衡不充分问题，努力缩小区域城乡发展和收入分配差距。

（一）共同富裕对区域协调发展的要求

社会主义社会，每一个人都可以实现自由全面的发展，共同富裕只是这一社会发展的前奏，并且是一个不可逾越的阶段。正因如此，习近平总书记指出："我们的人民热爱生活，期盼有更好的教育、更稳定的工作、更满意的收入、更可靠的社会保障、更高水平的医疗卫生服务、更舒适的居住条件、更优美的环境，期盼孩子们能成长得更好、工作得更好、生活得更好。人民对美好生活的向往，就是我们的奋斗目标。"所有这一切，都指向全体人民，都需要以地区经济发展作为支撑，没有地区经济社会的平衡协调发展，就没有共同富裕目标的实现。自中华人民共和国成立以来，中国共产党带领全国人民进行不断探索，得出了有益的经验，也积累了深刻的教训，成为未来建设社会主义现代化国家的宝贵财富。

　　第一阶段是中华人民共和国成立初期的内向型均衡发展带来了水平不高的共同富裕。中华人民共和国成立初期，国内的经济发展极不平衡，整个国民经济发展呈现出农业时代的特征，只有很少的工业经济成分，且分布不均衡，主要布局在以上海为核心的东部沿海地区，以及东北地区。当时的工业经济发展状况，就像毛泽东同志所说："现在我们能造什么？能造桌子椅子，能造茶碗茶壶，能种粮食，还能磨成面粉，还能造纸，但是，一辆汽车、一架飞机、一辆坦克、一辆拖拉机都不能造。"为此，中华人民共和国成立后就一直注重国家的工业化进程，推进区域的平衡发展。1956年，毛泽东在《论十大关系》中就指出："重工业是我国建设的重点。必须优先发展生产资料的生产，这是已经定了的。但是决不可以因此忽视生活资料尤其是粮食的生产""我们现在的问题，就是还要适当地调整重工业和农业、轻工业的投资比例，更多地发展农业、轻工业""沿海的工业基地必须充分利用，但是，为了平衡工业发展的布局，内地工业必须大力发展"。正是在这样的指导思想下，中国开始了国民经济的平衡布局，沿海工业大量向内陆地区转移，苏联援建的156项工程，绝大多数建在了内陆地区，1/4左右建在了西部地区，初步实现了国民经济的平衡发展。由于平衡布局指导思想的作用，我国经济发展中最薄弱的环节都得到了实质性的改善。

中华人民共和国成立初期，由于战备需要，中国的工业布局要向偏远山区和交通不便的地区转移，而少数民族地区恰好具备上述条件，于是，大批的工业向少数民族地区转移，虽然后来在社会主义市场经济的发展过程中证明"三线建设"的生产布局是不完全正确的，并加以了纠正，但这期间在少数民族地区形成的工业基础与工业体系，对少数民族地区的经济发展确实具有积极的导向作用。由于国民经济平衡发展，我国不同区域之间的经济社会发展水平出现了趋同化倾向，人民群众的生活水平不断拉平，人们对不平衡的主观感受开始变淡，人民的生活水平没有大的差异。然而，由于这一阶段的平衡发展是封闭式的，与国际的同类产业缺乏竞争，导致中国产业发展水平较低，与国际经济发展水平已经存在很大的差距，可以说，这一阶段的均衡发展是经济发展的相对平衡和共同富裕的低层次。

第二阶段是改革开放以来经济高速增长背景下人民群众收入增长和差距扩大。党的十九届六中全会《中共中央关于党的百年奋斗重大成就和历史经验的决议》（以下简称《决议》）指出："改革开放和社会主义现代化建设新时期，党面临的主要任务是，继续探索中国特色社会主义的正确道路，解放和发展社会生产力，使人民摆脱贫困、尽快富裕起来，为实现中华民族伟大复兴提供充满新的活力的体制保证和快速发展的物质条件。"对于党的十一届三中全会到党的十八大召开这段时间，《决议》总结道："党召开十一届三中全会，果断结束'以阶级斗争为纲'，实现党和国家工作中心战略转移，开启了改革开放和社会主义现代化建设新时期，实现了新中国成立以来党的历史上具有深远意义的伟大转折。""党明确我国社会的主要矛盾是人民日益增长的物质文化需要同落后的社会生产力之间的矛盾，解决这个主要矛盾就是我们的中心任务。"对于发展模式的选择，主要是按照邓小平同志提出的"两步走"发展战略进行的区域非均衡发展设计，第一步，让沿海地区先发展；第二步，沿海地区帮助内陆地区发展。改革开放的历史表明，当时我国的发展选择了向东部沿海地区倾斜的非均衡发展战略。

1979年1月，广东省和交通部联名向国务院报送《关于我驻香港招商局在广东宝安建立工业区的报告》，初步选定在宝安县蛇口公社境内建立工业区，揭开了我国在东部沿海地区建设特区的序幕。以发展生产力为导向的改革开放，以区域非均衡发展为主要特征，让具有优势条件的地区率先发展了起来，从而带动了整个国民经济的发展，在短短30多年的时间里，我国经济总量就超越了一系列发达国家，居于世界第二位。同时，人民生活水平也实现了根本性改变，从追求温饱阶段发展到了全面实现小康阶段。这样的发展让人民群众得到了实实在在的好处，大家也十分赞赏这种发展模式。然而，由于采取了非均衡的发展模式，我国地区间的经济社会发展不可避免地出现了差距，影响了国民经济的进一步发展。可以说，改革开放以来以经济高速发展为主要追求目标的发展模式，带来了经济的大发展，从根本上改善了人民的生活，但也带来了收入差距的扩大，亟须加以改进和完善。

第三阶段是党的十九大以来均衡协调发展与人民共同富裕。党的十九大指出，我国社会的主要矛盾是人民日益增长的美好生活需要和不平衡不充分的发展之间的矛盾。这种不平衡不充分，既有国际国内矛盾，也有地区间、人群间的问题，成为困扰我国国民经济可持续发展的重要影响因素，构成了新时代的主要矛盾。为了解决主要矛盾，国家先后实施了精准扶贫、乡村振兴、对口支援、"一带一路"建设、"双循环"新发展格局构建等一系列政策措施，以求实现国民经济的平衡协调发展，推动实现共同富裕。农业的技术特征，决定了农业的生产力发展水平会低于工业，鉴于农业的要素禀赋特征，其发展水平是不平衡的，体现为生产要素赋存好的地区农业生产力发展程度就高；反之则发展程度低，影响不同地域农民的共同富裕。为了解决这一矛盾，国家出台了精准扶贫政策，解决了数千万农村贫困人口的温饱和小康问题，为了巩固扶贫成果，国家又启动了乡村振兴战略，保证贫困农民小康目标的实现。为了解决国内地区间经济社会发展的不平衡不充分问题，国家实施了对口支援政策，中央要求发达地区从铸牢中华民族共同体意识的高度出发，无偿向欠发达地区提供人力、财力、物力的全方位支援，帮助欠发达地区的经济社会发展，实现区域间共同富裕。中国为了带动周边相关国家和地区的共同发展，先后提出了"一带一路"倡议和"双循环"新发展格局，以求带动相关国家和地区实现共同发展、共同富裕。

党的十八大以来，我国社会主义建设进入新的历史时期，党中央出台了一系列经济社会发展政策措施，其核心目标都是一个，追求人民群众的共同富裕，且各类措施的特征表现是一致的,就是经济的协调平衡发展。新时代,只有实现了经济社会的协调平衡发展,才能带来人民群众的共同富裕,也只有共同富裕目标的落实,才能真正实现区域经济的协调平衡发展,这就是我国经济社会发展的时代特征。

(二) 在实现共同富裕中提升区域发展平衡性协调性

从改革开放初期让一部分人和一部分地区先富起来到促进全体人民共同富裕,标志着中国的经济社会发展进入到一个新的历史阶段,国家发展战略和政策也随之作出重大调整。2021年8月,习近平总书记在中央财经委员会第十次会议上指出,适应中国社会主要矛盾的变化,更好满足人民日益增长的美好生活需要,必须把促进全体人民共同富裕作为为人民谋幸福的着力点,不断夯实党长期执政的基础。那么,如何正确认识和把握实现共同富裕的战略目标和实践途径?可以从"条条"(部门间、个体间)和"块块"(区域间、城乡间)两个维度来发力。这其中,解决好区域城乡发展的不平衡不充分问题,促进区域之间、城乡之间的共同发展、共同繁荣,是实现共同富裕的不可或缺的重要途径和方向。

1. 平衡协调的区域发展是走向共同富裕的条件和要求

第一，共同富裕是区域城乡普遍的繁荣。所谓共同富裕，就是全体人民都要富裕起来，而全体人民居住在国家的各个区域、城市和乡村。进一步地说，不同地区不同城乡的居民富裕程度与其生活所在地的发展水平密切相关。一般来讲，发展水平高的地区，居民收入相对较高，生活普遍富裕；而发展水平低的地区，居民收入相对较低，富裕程度也较低。因此，共同富裕不仅表现为居民收入差距的缩小，也表现为地区之间和城乡之间发展差距的缩小，是区域的普遍繁荣，而不是个别地区或少数地区的局部繁荣，也不是只有城市的繁荣。20世纪四五十年代，国外学术界曾提出一个很有意义的命题，即区域政策究竟是要追求区域繁荣（Regional Prosperity）抑或是人的繁荣（People's Prosperity）[①]？如果是前者，不管这个区域的条件多差，都要加大投入让其发展起来，一些学者批评这种追求区域繁荣的政策为地理僵化；而如果是后者，就可以把人口从条件差的区域迁移出来，鼓励失业者向就业机会多的地方流动，改善低收入家庭的福利。今天来看这场讨论仍有积极的一面，也就是政策

---

① 注：这里译为"人的福祉"更贴切。

要更多地聚焦到"人"上，但是仍然不能否认区域繁荣对人类福祉的基础作用，特别是作为一个幅员辽阔、地区差异巨大的大国，除极少数不适宜生存的地区可以实施"生态移民"外，大部分人口居住的地区都需要通过经济发展和再分配机制来提高居民福祉，而不能任其衰落。当然，区域城乡普遍的繁荣也不是没有差异的繁荣，任何时候区域之间、城乡之间的发展水平和居民富裕程度都会存在一定差异，实现共同富裕就是要尽可能地缩小区域城乡的发展差距，并把这种差距控制在可以接受的合理区间。

第二，区域发展的不平衡不充分抑制共同富裕目标的实现。近20年来，中国经济发展和居民收入的地区差距变化呈现出以下特点。一是从经济发展的地区差距变化看，绝对差距在扩大，相对差距在缩小，横向差距仍然较大。2000—2019年，东部地区人均GDP从高于全国平均水平3523元，提高到高于全国23480元；中部地区人均GDP从低于全国平均水平2317元，扩大到低于全国12164元；西部地区人均GDP从低于全国平均水平3268元，扩大到低于全国17150元；东北地区人均GDP从高于全国平均水平1187元，转向到低于全国24338元。然而相对差距有所缩小，以西部地区与东部地区的差距为例，2000年，西部地区的人均GDP仅相当于东部地区的40.76%，到2019年提高到56.95%。再看极值差，2000年，中国人均GDP最高的地区（上海）是最低地区（贵州）的12.4倍，到2019年中国人均GDP最高的地区（北京）是最低地区（甘肃）的4.9倍。现阶段，尽管国内相对差距缩小，但地区差距仍然比较大，如极值差一般在2倍左右。二是从居民收入的地区差距变化看，东部地区的收入水平一直保持领先，相对较低的是中西部地区，东北地区的增幅最低，这与人均GDP水平的分布及变化高度相似。全国居民人均可支配收入的板块极差，由2000年的2933元增加到2020年的19712元，增幅达到572%。特别值得关注的是，2000年，东北地区的居民人均收入为3462元，仅次于东部地区的5440元，并远高于中部地区的2790元和西部地区的2507元；到2020年，东北地区的居民人均收入为27797元，远低于东部地区的44746元，与中部地区27234元和西部地区25035元的收入水平接近。再看城乡收入差距，城镇居民人均可支配收入的板块极差由2000年的3072元增加到2020年的18140元，增幅为490%，而农村居民人均可支配收入的板块极差由2000年的2175元增加到2020年的16562元，增幅为661%。这说明，近20年来，农村居民收入的地区差距扩大幅度要高于城镇和整体水平。由此可见，经济发展的地区差距决定着居民收入的地区差距，区域发展的不平衡不充分直接影响着全体人民的共同富裕，不断缩小区域城乡发展差距，提升发展的平衡性协调性，对于实现共同富裕目标具有至关重要的意义。

2. 科学运用区域政策推动朝着共同富裕的目标迈进

第一，推动区域共同发展，强化共同富裕的基础支撑。实现共同富裕的前提是要把财富这块"蛋糕"做大做好，而这就要求各地区都能够获得有效的高质量的经济发展。对此，要支持中心城市、都市圈和城市群做大做强，尤其是实施好京津冀协调发展、长三角一体化、粤港澳大湾区建设、长江经济带以及黄河流域生态保护与高质量发展等区域重大战略，充分发挥其要素集聚、创新引领和辐射带动的强大引擎力量，提升国家整体效率和总财富创造能力。与此同时，充分发挥中国特色社会主义制度的优势，通过引导产业转移、重大项目布局和系列优惠政策，大力扶持欠发达地区、老工业基地和资源型城市、粮食主产区、生态功能区和陆地边境等地区的繁荣振兴或适度发展，避免这些地区与发达地区的发展差距无限扩大。

第二，规范纵横向转移支付，充实共同富裕的再分配手段。在做大"蛋糕"的基础上，需要合理地切分"蛋糕"，从区域层面看，转移支付是国际通行的

"分蛋糕"即区域再分配手段，但国际上大多采用的是中央政府通过对发达地区征收税赋向不发达地区转移的纵向转移支付，几乎没有发达地区直接向不发达地区提供财力的横向转移支付。对欠发达地区的各种类型区域需要根据因素法或承担的生态安全、粮食安全、国防安全等功能，合理规范地实施中央转移支付，扩大一般性转移支付规模，逐步减少专项转移支付。与此同时，要用好"对口援助"这个横向转移支付工具。事实上，我国的对口支援或对口帮扶，不仅是发达地区对欠发达地区或重灾区的财力支持，还包括基础建设、产业扶持和干部交流。对口援助是中国的制度优势，需要通过法律制度将援助地区和受援地区的责任义务规范化，避免滥用，特别是要防止对援助地区造成过大的负担和压力。此外，要科学运用对口援助的方式方法，善用"授之以渔"而非"授之以鱼"，以免产生受援地区的"等靠要"或"养懒汉"后果。

第三，探索多重利益共享，打造共同富裕的区际协调机制。倡导各地区要树立"全国一盘棋"的思想，实行地区利益共享，充分调动各地区的积极性，促进地区关系协调，避免地区冲突，推动各地区实现共同发展和共同富裕。因此，要在涉及地区利益的多重领域，如产业发展、基础设施、公共服务、环境治理、生态保护、财税政策等领域，积极探索地区合作的利益共享模式。其中，决定地区利益最核心的是产业发展，目前正在推进实施的产业转出区与产业转入区之间的"税收分成"，就是区际利益协调机制的有益探索，能够有效消除产业向外迁移对转出区财税和就业的负面影响，应进一步完善相关政策，使得这项有利于产业转移和承接的经济合作方式能够顺利推进。此外，在生态环境保护上，要实行跨区域（流域）联防联控和共保共治，必须把生态补偿机制建立起来，真正落地做实，让那些对生态治理和保护付出多、牺牲多的地区获得相应的利益补偿。

（三）促进以人为核心的区域协调发展和共同富裕

区域发展的不平衡不充分是制约区域协调发展和实现共同富裕的共性问题。缩小城乡区域发展差距和收入差距的关键在于统筹好城乡区域发展和人的发展，在构建优势互补的高质量区域发展格局的基础上实现全体人民的共同富裕。在学习习近平总书记关于经济高质量发展、乡村振兴、区域协调发展、新发展格局和共同富裕等重要论述的基础上，本着以人为核心的重点，对实现区域协调发展和共同富裕提出以下建议。

第一，将以人为核心作为促进区域协调发展和共同富裕的落脚点。如何有效缩小区域发展差距和促进区域协调发展一直是党中央高度关注的焦点问题，在党的十九大报告中，习近平总书记明确指出实施区域协调发展是国家重大战略之一。协调是经济高质量发展的内生特点，共同富裕则是要处理好效率和公平的关系，人既是劳动力供给和创新的主体，也是消费者，统筹实现区域协调发展和共同富裕的关键在于处理好在城乡融合发展和大中小城市协调发展中人的全面发展问题。农村流动人口流入城市就业，不仅增加了流入地城市的劳动力市场规模，而且农村流动人口落户城市，形成稳定的新城市居民，有利于劳动者自身人力资本累积，进而提高自身劳动技能和家庭人力资本水平，促进区域经济全要素生产率提升，这不仅增加了城乡居民收入，而且也夯实了经济高质量发展的动力基础。人民的收入问题是影响流动迁移决策和实现富裕的基本指标。共同富裕要求"鼓励勤劳创新致富"和"形成人人参与的发展环境"，其本质在于形成劳动者就业机会公平的制度和市场环境。在劳动力流动日益频繁的经济格局下，为更加有效地促进区域协调发展，应更关注如何实现就业机会的空间均衡化。从国家卫生健康委员会流动人口动态监测数据 CMDS 测算来看，2011—2017 年，80% 的外出流动人口从事务工和经商，这表明外出就业的主要目的就是追寻更高的就业收入回报，因此应立足城市化地区、农产品主产区、生态功能区的比较优势，逐步建立和完善以流动人口为载体的城市群一体化发展机制，推动乡村和中小城市融入周边区域性中心城市的产业体系和市场范围，优化区域分工，深化区域合作，降低人口流动失衡引起的区域衰退。此外，区域协调发展要求促进基本公共服务均等化，基本公共服务均等化具体体现为两个方面：一方面是城乡发展不平衡，这表明促进共同富裕的重点任务仍然在农村，应促进城市公共服务向农村地区覆盖，逐步弥合城乡制度和发展差异。另一方面是外出就业流动人口规模仍较大，尽管户籍分割、城市落户门槛逐步降低，但社会保障领域仍存在部分缺失，外地流动人口无法全部享受流入地城市提供的公共服务，而流动人口中对随迁小孩和老人的照料需求还较高，应尽快探索建立健全流动人口常住地的基本公共服务提供机制，强化户籍制度登记功能，逐步将居住证和户籍合二为一，实现人口自由流动。

第二，以促进城乡一体化夯实共同富裕的制度基础。推动新型城镇化和城乡区域协调发展对新发展格局下统筹区域发展和人口发展尤为重要。乡村振兴城乡融合和以人为核心的新型城镇化的本质就是在尊重人自身意愿的基础上不断提高城市居民比重和促进城乡要素平等交换、双向流动，实现城乡一体化，同时发挥区域比较优势，提升以城市、农村为空间载体的经济活动效率，这要求实现共同富裕必须具有相同的制度基础，目前亟待深化户籍制度改革和促进城乡制度改革联动。

根据第七次全国人口普查数据，2020年，中国流动人口近3.76亿人，约占全国总人口的26.04%，这表明未来大规模的人口流动将显著影响中国的经济发展格局。对城镇化阶段判定而言，从世界城镇化发展规律来看，2021年，中国常住城镇化率为64.72%，还位于城市化率曲线（Northam曲线）的"加速阶段"，距"第二拐点"（70%）仍有增长空间，但中国特有的城乡制度差异使得城乡要素市场存在二元分割，这造成农业转移人口市民化进程变缓，也进一步制约了城镇化率的提高。从常住城镇化率和户籍城镇化率的差距来看，2021年，中国户籍城镇化率为46.7%，远低于常住城镇化率。这表明大量农村人口在城市工作、生活，但并未有效、稳定地融入流入地，外出农村居民人口的长期"人—地"分离不仅造成流出地农村地区发展滞后，而且也无法使城市发展获得持续稳定的劳动力供给。因此应以流动人口作为城乡要素双向流动的载体，加快探索建立农业转移人口"人—地"匹配的城市户籍改革路径，促进农业转移人口"人—地"落户收益与居住地公共服务获得相协调，解决好农业转移人口随迁子女教育等问题，切实增强农业转移人口落户意愿。促进城乡要素市场一体化，构建城乡融合发展的制度环境，深化农村土地改革，试点农村经营建设用地融入统一的城乡土地市场，允许人口净流出地区的长期荒置宅基地、集体经营用地重新转换为生态和农业用地。

（四）浙江高质量发展建设共同富裕示范区的主要做法

中共中央、国务院印发的《关于支持浙江高质量发展建设共同富裕示范区的意见》，标志着浙江在实现共同富裕道路上迈出了坚实的第一步，同时，也标志着浙江承担起了在共同富裕方面探索路径、积累经验、提供示范的重要使命。因此，通过挖掘、梳理和总结浙江高质量发展建设共同富裕示范区的做法，能够为其他地区推动共同富裕提供借鉴。

第一，高规格建立工作体系。一是在国家部委层面，由国家发展改革委"长三角一体化发展领导小组"加强对浙江省建设共同富裕示范区的统筹和指导，具体包括：协调各部委优先考虑将本领域改革试点、探索示范任务赋予浙江，并加强对改革试验、政策实施的监督检查；在科技创新、数字化改革、分配制度改革、城乡区域协调发展、公共服务、生态产品价值的实现等方面,给予浙江改革授权;设立工作专班,加大对改革试验政策实施情况的定期监督检查,建立工作简报制度,及时梳理地方层面工作进展、典型案例,总结经验做法提供省域示范。二是在省级层面,浙江省成立"高质量发展建设共同富裕示范区领导小组",由省委书记和省长分别担任组长和第一副组长,领导小组下设办公室,由省委政研室、省委改革办、省发展改革委组成,具体承担领导小组日常工作。领导小组定期召开推进例会,督促检查《浙江高质量发展建设共同富裕示范区实施方案(2021—2025 年)》落实情况。领导小组成员单位对照重点任务要求,按需建立工作专班并实施动态调整管理。

第二,明确省市两级工作重点。一是在省级层面,浙江省提出按照"每年有新突破、5 年有大进展、15 年基本建成"的安排压茬推进,滚动制定五年实施方案,迭代深化目标任务。浙江省出台《浙江高质量发展建设共同富裕示范区实施方案(2021—2025 年)》,把"十四五"确定为高质量发展建设共同富裕示范区"第一程",制定了"第一程"的路线图、任务书,在这一时期要完成"四率先三美"主要目标和"七个方面先行示范"主要任务,要求到 2025 年高质量发展建设共同富裕示范区取得明显实质性进展。二是在地市级层面，浙江省各地市先后制定相关实施办法，明确工作重点。例如，杭州市致力于构建"大杭州、高质量、共富裕"的发展新局面，配套出台了"共建共享公共服务体系""市域一体规划建设体系""市域高效联通交通网络体系""全域统筹保障支撑体系""四大体系"专项计划，为杭州争当共同富裕城市范例提供实质性、突破性抓手。宁波市以解决地区、城乡和收入"三大差距"为主攻方向，突出相对薄弱地区、农业农村、困难群体等重点，以建设"高质量发展先行市、高水平一体化先行市、城乡融合发展先行市、收入分配制度改革先行市、品质生活共享先行市、精神普遍富足先行市"六大任务为主要抓手，着力破解当前制约宁波实现共同富裕的体制机制障碍。温州市全力打造"创业之都、创业之城、创富之市"，聚焦"民营经济共兴，创新驱动共强，数字赋能共富，区域协同共荣，基本单元共创，居民收入共增，文化文明共促，公共服务共享，宜居环境共建，社会和谐共治"等方面开展"十大行动"，打造具有温州鲜明标识的共同富裕示范样板。

第三，将高质量发展作为共同富裕的首要任务。浙江充分发挥数字经济、"互联网+"等方面的优势实现高质量发展。一是大力建设"数字高地"，形成数字产业集群。加快建设以"产业大脑+未来工厂"

为核心的数字经济系统，不断壮大"新智造"企业群体，进一步提升数字安防、集成电路两大数字产业集群的全球影响力。深化跨境电商发展，积极建设全球数字贸易中心，探索制定数字贸易规则和标准。二是加快建设具有国际竞争力的现代产业体系，发展产业集群及传统产业改造2.0。实施产业集群培育升级行动，培育"415"先进制造业集群，即绿色石化、数字安防、大湾区汽车制造、大湾区现代纺织4个世界级先进制造业集群，15个优势制造业集群则包含数字经济、生物经济、航空航天、量子信息、柔性电子、前沿新材料、软件与集成电路、电子信息、高端装备、生物医药、节能环保、新能源、新材料等领域。三是实行更加开放的人才政策，加快建设全球人才蓄水池。着力打造能够支撑引领"互联网＋"、生命健康和新材料等科创高地发展的"三大人才高峰"，实施基础科学研究人才、关键核心技术攻关人才、产业技术研发人才、科技创业人才、乡村振兴科技人才、青年科学家"六大引培行动"。

第四，通过加快缩小沿海与山区发展差距实现"共富"。一是支持山区县加快发展。浙江省立足"一县一策"为山区县量身定制发展方案和支持举措。做强"一县一业"，推动山区县谋划12个特色生态主导产业。支持山区县重大项目建设，对列入省发改委立项的基础设施、民生项目、优质文旅项目给予40%的新增建设用地计划指标。此外，浙江还采取用地指标奖励、建筑石料采矿权指标保障、农村集体经营性建设用地与国有土地同等入市同权同价等方法支持山区县发展。二是深化山海协作。浙江推动省内发达地区与山区县建设"双向飞地"，全省50个经济强县结对帮扶山区26个县，支持山区县到省内发达地区投资建设产业、科创、消薄（消除集体经济薄弱村）三类"飞地"。此外，还采取干部人才资源向山区县倾斜、组建教育专家团、省市级三甲医院下沉等方法加大对山区"输血"力度。三是组建乡村联盟。为加快广大农民的共同富裕，浙江推动106个共同富裕先行村组建"共同富裕百村联盟"，开展平台共建、资源共享、产业共兴、品牌共塑，通过优势资源互通加强合作，建设富民强村，实现村财与村民"双增收"；通过探索"未来乡村"建设，共建美丽乡村；通过加强村际沟通交流，实现发展经验共享、先富带后富。

第五，以居民收入和中等收入群体"双倍增"计划作为共同富裕的着力点。一是在"中等收入群体规模倍增计划"方面，浙江从人力资本、人才引进、公共资源提供等多个方面促进中等收入群体规模的扩大。同时，保障社会发展机会公平，依法规范收入分配秩序。二是在"居民收入十年倍增计划"方面，浙江的主要做法包括：健全工资合理增长机制，创新事业单位收入分配制度；全面拓宽城乡居民财产性收入渠道，规范发展财富管理行业，支持企业实施灵活多样的股权激励和员工持股计划；实施农民致富增收行动，推进万户农家旅游致富计划，深入实施乡村百万屋顶光伏工程，引导农户自愿以土地经营权、林权等入股企业，带动农民就近就地创业就业；完善创新要素参与分配机制，加快探索知识、技术、管理、数据等要素价值的实现形式。

第六，以公共服务优质共享提升共同富裕的幸福感。浙江省提出"人的全生命周期公共服务优质共享"，并着力打造民生"七优享"金名片。在育儿方面打造"浙有善育"名片，多渠道降低生育、养育、教育成本，构建育儿友好型社会；在教育方面打造"浙里优学"名片，推行"教育大脑＋智慧学校"，破解教育内卷困境；在职业技能提升方面打造"浙派工匠"名片，实施新时代浙江工匠培育工程、"金蓝领"职业技能提升行动和技工教育提质增量计划，全面提升劳动者创业就业致富本领；在健康服务方面构建"浙里健康"名片，打造"健康大脑＋智慧医疗"，牵引"三医联动""六医统筹"改革实现重大突破；在养老服务方面打造"浙里长寿"名片，实施"养老机构跟着老人走"行动，提出要在我们这一代人手中解决好养老问题；在住房保障方面打造"浙里安居"名片，多途径解决新市民、低收入困难群众等重点群体住房问题，进一步提高住房建设品质；在扶贫扶弱方面打造"浙有众扶"名片，构建智慧大救助模式，推进分层分类精准救助。

今天的浙江已成为百姓感受最安全、最具幸福感的省份之一，在城乡差距指标、区域发展指标以及富裕程度指标上，浙江都走在全国前列，并且建设共同富裕示范区工作已经开始走上正轨，各项任务正有条不紊推进部署。对比浙江，我国很多省份加快高质量发展仍待实现新的突破，仍面临着城乡区域发展不够平衡、居民收入水平有待提升、基本公共服务供给任务较重等短板弱项，与人民美好生活需要相比还有差距。为此，有必要借鉴浙江的经验做法，找准推动共同富裕的着力点和突破口，在进一步"做大蛋糕"的同时，也要"分好蛋糕"，持续缩小区域城乡发展差距和收入分配差距，不断提高人民群众的获得感、幸福感、安全感，促进省域共同富裕。

六 以高水平区域协调发展推进中国式现代化

针对当前中国区域协调发展的实际情况和存在的问题,以及根据党的二十大报告关于未来五年乃至更长一段时间的任务安排,结合未来各种可能和中国式现代化的进程要求,提出以下政策建议。

(一) 加强国家区域战略统筹的顶层设计

当前中央正在着力实施区域协调发展战略、区域重大战略、主体功能区战略和新型城镇化战略,但这些战略还没有建立有效的战略协调机制,战略具体任务内容交叉重复,战略着力点和政策预期效果不完全一致,为此建议加强国家区域战略统筹的顶层设计。

第一,根据战略意图对这些战略进行适当分类。区域协调发展战略和主体功能区战略属于相对底层、基础性的战略层次，其重点是促进人的发展、地区的发展与生态的治理保护。而区域重大战略和新型城镇化战略都是基于集聚发展的效率导向、能够为国家经济保持较高的增速提供支撑作用的战略安排，其结果可能导致区域发展差距扩大。正因为这两类战略具有不同的意图导向，所以在具体操作中，要权衡战略导向，用系统性思维选择合适的政策工具，避免顾此失彼或偏离战略意图。

第二，厘清这些战略在区域协调发展框架中的目标、路径与效果评价。中央有关部门要对这些战略实施意图和效果有比较清楚的研判，同时也要对这些战略实施效果进行跟踪研究，明确战略是否有利于促进区域协调发展。中央和地方要建立战略实施联动机制，以便于促进战略过程效果反馈与优化调整。地方各级政府作为战略的具体落实主体，要将战略实施过程遇到的问题和阶段效果及时反馈给中央有关部门，以便于优化战略设计框架和调整实施策略。

第三，建立战略统筹的协调机构。为更好地推动这些战略衔接配合，中央不仅要成立国务院区域战略统筹的领导小组，还要建立区域战略部际联动机制，加强对这些战略实施的各类支持政策进行协调，推动政策工具组合投放，避免政策实施效果相互抵消，提高政策操作性、精准性。在时机成熟时，中央有关部门要积极促进区域协调发展战略、区域重大战略、主体功能区战略等战略的立法，通过立法明确推动战略实施的主体责任，也确保战略实施的连续性。

（二）实施有利于人口更加充分流动的政策

鉴于人口老龄化问题日益突出、我国省际人口流动趋缓的势头和外来人口市民化问题较多，下一步有必要深化人口流动的体制机制改革，从国家战略层面制定出台引导人口更加有序、自由流动的政策，促进人口继续向优势地区合理集中。

第一，按照国家基本公共服务标准，明确各级政府关于基本公共服务的财政支出责任。中央和地方各级政府应共同完善国家基本公共服务标准，对这个标准实施的财力要有科学、客观的评估，做到逐步完善、量力而行。同时，针对各地区财政承受能力差异，中央要为参照标准实行有困难的地区提供必要的财力支持，填补地方财政资金缺口，确保地方政府能够正常提供基本公共服务，特别是在受新冠肺炎疫情冲击地方财政收入锐减的情况下，及时通过财政转移支付等途径补足地方政府维持基本公共服务的支出缺口。

第二，实施以居住证为载体的基本公共服务体系。各地要撤销各类针对外来人口的歧视性政策和管理办法，构建以居住证为载体、覆盖全部城市居民的基本公共服务体系，在教育、医疗卫生、养老等方面对外来人口予以同量、同质的基本公共服务。鼓励地方政府学习借鉴深圳市"来了就是深圳人"的做法，从城市治理理念到城市管理细节都有海纳百川的包容心态，善待城市的外来人口，准予他们真正享受与本地户籍居民一样的基本公共服务。

第三，有序推进社会保障关系跨省（区、市）迁转，尽快实现全国统筹。一方面，为鼓励各地区人口更加充分流动，中央有关部门应加强社会保障全国统筹力度，逐渐推动社会保障关系实现跨省（区、市）迁转，简化迁转手续，实现跨省通办、"一键快办"，降低人员流动的制度性壁垒。另一方面，针对当前各地区社保费用缴存的标准不一致问题，中央有关部门应建立跨省（区、市）迁转的标准衔接机制，坚持"老人老办法、新人新办法"，对于已退休或距退休不足五年（含）的人员原则上按照迁转前缴存标准实行，对于距退休五年以上的人员原则上按照迁入地缴存标准实行。对于外出务工或经商人员，其返回户籍地时可办理社保关系迁转，实现与户籍地的社会保障体系相衔接。

第四，针对"一方水土养不了一方人"的问题，多措并举实施异地搬迁。在脱贫攻坚时期异地扶贫搬迁的基础上，继续深入调查研究确定一批符合这类条件的行政村及其涉及的人员情况，通过异地搬迁、货币化补贴、投靠亲朋好友等多种方式进行妥善安置，争取不留死角改变这个群体的生存问题。加大对各类限制开发区和禁止开发区居民生产生活情况摸底工作，对居住条件较差、增收渠道少的地区原则上从改善居民生产生活条件出发，按照易地搬迁形式引导居民外迁、异地安置。

（三）提升中西部欠发达地区承接产业转移的能力

随着劳动力成本上涨和承接产业转移机会窗口期的收窄，中央有关部门要不失时机地挖掘大国差异化的优势，从改善营商环境和加快区域一体化入手，大力引导东部沿海一般性制造业向中西部欠发达地区转移。

第一，引导中西部欠发达地区因地制宜制定和落实改善营商环境实施方案。除了营商环境一般选项之外，中西部欠发达地区应把改善营商环境重点放在本地区营商环境的"卡脖子"劣势点位上，特别是企业创新环境、企业吸引人才、招商引资协议落实等领域，确保企业引进来、留得住、发展得好。中央有关部门组织开展的政治巡视或大督查，都应把中西部欠发达地区改善营商环境作为重要的巡视或督查对象，对招商引资"关门打狗"、乱收费、政企勾结等问题要坚决严厉查处、追究有关人员责任。

第二，引导中西部更多欠发达地区就近融入都市圈或城市群，改善区域发展环境。随着都市圈或城市群一体化进程加快，中西部更多欠发达地区应借势借力周边的中心城市发展，抓住机会克服自身高端城市服务功能不足和创新资源短缺的问题，积极承接国内外产业转移。中央有关部门应支持苏皖、湘赣边等省际交界地区探索省际协作的体制机制创新，支持南京都市圈、长沙都市圈等依托中心城市带动省际交界地区一体化发展的新模式。

第三，支持西部欠发达地区借助西部陆海大通道优势发展特色外向型产业。依托西部陆海大通道，在重庆、四川、贵州、广西、甘肃、青海等省份规划建设内陆开放型产业园区及其配套的陆地港，发展特色外向型产业，实施特殊海关监管政策。中央有关部门应研究认定这些内陆开放型产业园区为国家级特殊开放园区，将国家级经开区、保税区、高新区等类型园区特殊政策整体打包向这类内陆开放型产业园区集中投放。

（四）完善财政转移支付制度

随着财税体制改革深入推进，中央有关部门应客观、科学地评估财政转移支付的综合效果，对实行这么多年的财政转移支付政策进行调研，不断完善事权与财权相匹配的财政转移支付制度。

第一，压缩专项财政转移支付事项和规模。中央有关部门要针对项目重复、雷同性转移支付问题，贯通跨部门行政审批事项，杜绝同一个项目重复立项、多头申请专项转移支付经费现象。中央审计部门要针对历年发现的财政转移支付问题线索进行梳理，然后交办有关部门从制度源头进行整改完善，确保类似问题不重复发生。

第二，提高财政转移支付资金使用效率。中央有关部门要加大审计督查，引导地方各级政府精准、及时、规范执行上级下拨的财政转移资金，同时要加大对各级政府挪用、挤占中央财政转移支付资金行为的惩处力度。中央有关部门要应用区块链、大数据等新技术建立财政转移支付信息平台或模块，对拨付出去的财政转移支付项目经费进行实时跟踪，对挤占、挪用、长期不用等情况要及时提醒和责令纠正。

第三，取消中西部和东北的经济困难县（区、市）本级财政资金配套。为减轻基层政府财政负担，对于涉及中西部和东北的经济困难县（区、市）基本公共服务的项目，原则上由中央、省级财政出大头、地市级政府出小头，县级政府负责项目执行，但不再提供相应的财政经费配套。中央有关部门加大对中西部和东北的经济困难县（区、市）为公共服务设施建设、生态环境治理等方面而背负的地方债务进行识别和梳理，将这些地方债务划转为中央债务，由中央财政负责偿还。

（五）支持生态环境治理的多元化探索

鉴于当前生态环境治理机制过于单一、灵活性不高，下一步应借鉴国内外生态环境治理的有益经验，鼓励各地积极探索生态环境治理新模式。

第一，完善地方政府契约型生态环境治理。中央有关部门应制定部门条例，保障有关地方经协商签订的生态环境治理协议得到长期落实，对违约责任要有相应的惩治、追究责任的制度安排。中央有关部门应设立超越省级行政区的生态环境法院，负责处理涉及省级地方政府产生的协议性纠纷，以长江、黄河等重要流域协同治理为切入点，探索生态环境协同治理的司法模式。

第二，支持地方引入市场化机制开展生态环境治理。对于土地污染、园区污染等领域治理，支持地方政府引入专业企业对污染源进行治理，采取政府购买服务、土地联合开发等方式补偿专业企业污染治理投入。支持地方政府发行生态环境专项福利彩票，面向社会筹集资金，弥补生态环境治理的部分资金缺口。

第三，强化生态环境补偿体制机制创新。一是展开生态补偿机制改革试点。中央有关部门可在京津冀、长三角等区域探索多主体参与、社会化运作的生态补偿机制试点，设立生态补偿基金，加大对重点生态功能区的补偿力度，同时建立与生态环境治理效果相挂钩的补偿机制。二是探索建立流域排污权转让机制。在长江、黄河等重要流域干支流启动实施流域排污权转让机制，建立排污权指标交易市场，鼓励各类企业参与排污权转让。

（六）优化国土空间开发秩序

为治理国土空间无序开发、土地利用效率低、发展空间蔓延等问题，中央有关部门应优化调整不合理的空间治理手段和政策，采取针对、有效的措施规范国土空间开发秩序。

第一，构建全国统一、天地一体的国土空间智能决策平台。中央有关部门要坚持规划引导，以《全国国土空间规划纲要》为依据，建立形成以地块为基本单元的全国国土空间信息化、智能化管理平台，探索国土空间精准化、规范化管理，引入天地一体的人工智能技术对各地国土空间开发活动进行分析，提供决策方案。中央有关部门年度建设用地指标不再延续行政性分配，而是根据智能决策平台提供的决策方案进行供需匹配。

第二，因地制宜引导地方政府实施减量发展的国土空间规划。对于收缩型城市，中央有关部门要引导地方政府放弃扩张型城市发展规划，采取减量发展的国土空间规划，对存量空间进行优化调整，提高发展空间舒适度和密度效率。中央有关部门要对收缩型城市进行精准识别，对其发展空间需求进行严格审查、审慎审批，酌情压减城市建设用地新增指标。

第三，加强对国土空间的三条"红线"的立法。中央有关部门不仅要与地方政府共同划定生态保护红线、永久基本农田和城镇开发边界这三条"红线"，还要完善国土空间有关法律法规，把国土空间三条"红线"写入法律条文，明确地方政府守住"红线"的法律责任。在全国性立法工作进展相对较慢的情况下，中央有关部门应率先支持地方开展立法试点，鼓励地方率先制定法律保障三条"红线"实施。

（七）实施特殊类型地区精准有效的支持政策

特殊类型地区振兴发展对于实现全体人民共同富

裕的现代化具有重要的意义，但鉴于特殊类型地区振兴发展复杂性、多样性，中央有关部门应针对各类特殊类型地区采取对症下药的政策。

第一，支持有关特殊类型地区开展试点，研究制定"对口帮扶、一地一策"的振兴发展政策。借鉴脱贫攻坚的经验，中央有关部门应协调对口结对关系的有关地区共同研究制定振兴发展政策，做到"一地一策"，委托第三方对这些振兴发展政策实施效果进行科学评估。支持地方政府开展对口帮扶模式创新，改变过去依靠输血式帮扶、行政动员力量帮扶的做法，发挥地方政府通过引导社会力量参与帮扶，推广一些精准帮扶的经验做法。

第二，引导中央苏区、革命老区发展生态旅游、优质农产品和特色数字产业。鼓励中央苏区、革命老区充分利用红色资源和生态资源发展特色生态旅游产业、优质绿色农产品和数字旅游产业，把资源优势转化为数据产权优势，把优势的资源产品拓展到数字产品。引导数字技术龙头企业与中央苏区、革命老区合作开发一些基于本地优势特色资源的应用场景及其商业模式，同时也鼓励中央苏区和革命老区实施商业合伙人计划，公开发布一批资源开发的应用场景需求清单，寻找合适的商业伙伴。

第三，鼓励老工业城市和城区老工业区基于技术关联性培育发展新兴产业。中央有关部门应邀请有关行业协会、科研机构等社会力量共同对口帮扶老工业城市和城区老工业区，针对这些地区制定"一地一策"振兴发展方案，指导老工业城市和城区老工业区卸下历史包袱，发展与本地优势产业技术关联性较高、适宜性较强的新兴产业。同时，分类支持一些老工业城市和城区老工业区开展新时代振兴发展试点，积极探索以产业园区为载体、社会力量共同参与、利益共享的老工业城市（或城区老工业区）振兴发展模式。

参考文献

毛泽东：《毛泽东文集》（第七卷），人民出版社1999年版。

习近平：《推动形成优势互补高质量发展的区域经济布局》，《求是》2019年第24期。

习近平：《扎实推动共同富裕》，《求是》2021年第20期。

习近平：《决胜全面建成小康社会 夺取新时代中国特色社会主义伟大胜利》，人民出版社2017年版。

习近平：《高举中国特色社会主义伟大旗帜 为全面建设社会主义现代化国家而团结奋斗》，人民出版社2022年版。

本书编写组编著：《党的十九届五中全会〈建议〉学习辅导百问》，党建读物出版社、学习出版社2020年版。

邓小平：《邓小平文选》（第三卷），人民出版社1993年版。

陈耀：《提升区域发展平衡性协调性是实现共同富裕的重要途径》，《区域经济评论》2022年第2期。

陈亚军：《新型城镇化建设进展和政策举措》，《宏观经济管理》2020年第9期。

邓仲良：《促进以人为核心的区域协调发展和共同富裕》，《区域经济评论》2022年第2期。

邓忠奇、高廷帆、朱峰：《地区差距与供给侧结构性改革——"三期叠加"下的内生增长》，《经济研究》2020年第10期。

国务院新闻办公室：《人类减贫的中国实践》，人民出版社2021年版。

胡献政：《浙江高质量发展建设共同富裕示范区的主要做法及启示》，《发展研究》2022年第S1期。

黄群慧：《中国式现代化道路新在哪里》，《人民日报》2022年10月10日第17版。

黄群慧：《在协调发展中扎实推进共同富裕》，《光明日报》2022年1月4日第11版。

黄群慧：《共同富裕是中国式现代化的重要特征》，《光明日报》2021年9月7日第11版。

黄群慧、杨虎涛：《中国式现代化道路的特质与世界意义》，《人民日报》2022年3月25日第9版。

黄群慧、叶振宇等：《中国区域协调发展指数报告（2020）》，中国社会科学出版社2021年版。

黄承伟：《论乡村振兴与共同富裕的内在逻辑及理论议题》，《南京农业大学学报（社会科学版）》2021年第6期。

李曦辉：《共同富裕对区域协调发展的要求》，《区域经济评论》2022年第2期。

任理轩：《中国共产党与中国式现代化新道路》，《人民日报》2021年10月28日第9版。

叶振宇：《统筹解决我国区域发展不平衡不充分问题》，《发展研究》2022年第2期。

叶振宇、李峰波、王宁：《我国区域经济高质量发展的阶段成效与难题攻坚》，《区域经济评论》2022年第1期。

后　记

　　党的十八大以来，在习近平总书记亲自谋划、亲自部署和亲自推动下，区域协调发展战略、区域重大战略、主体功能区战略、新型城镇化战略等战略深入实施，协调发展理念得到贯彻落实，中国区域协调发展取得了显著的成效，中国区域协调发展指数呈现稳步上升的态势。2012—2021年，各地区和城乡居民收入差距有所缩小，各地区基础设施通达能力明显提高，基本公共服务均等化取得进步，地区比较优势更加充分发挥，区域绿色低碳协同发展取得进展。这些新变化新进步为在中国式现代化新征程中实现共同富裕创造有利的现实条件。

　　习近平总书记在党的二十大报告中指出：从现在起，中国共产党的中心任务就是团结带领全国各族人民全面建成社会主义现代化强国、实现第二个百年奋斗目标，以中国式现代化全面推进中华民族伟大复兴。我们今年的区域协调发展指数报告紧扣党的二十大报告中国式现代化这个主题，结合中国区域协调发展的实际情况，聚焦于中国式现代化新征程的共同富裕与区域协调发展问题。为了完成报告写作任务，我们深入学习了党的二十大报告、中央文件等有关材料和习近平总书记关于区域协调发展的重要讲话和理论文章，对中国式现代化、共同富裕、区域协调发展等方面重要文献进行梳理总结，对中央有关部门发布的党的十八大以来经济发展、社会事业发展、交通建设、生态环境保护治理等领域取得的重大成就进行整理、吸收。同时，我们克服了新冠肺炎疫情多轮的冲击、研究团队人员变动等不利因素影响，深入北京、上海、河南、福建、河北、内蒙古等地实地了解各地落实区域协调发展战略的基本情况，从中积累大量第一手资料。无疑，上述这些工作对本报告顺利完成打下了扎实的基础。同时，我们完善中国区域协调发展指数评价指标体系并对2012—2021年指数结果进行分析，从而更生动、更客观、更全面地反映中国区域协调发展这十年所取得的突出成就。

本报告是一项集体性、连续性、协同性的研究成果。笔者负责课题研究设计和书稿最后审定，叶振宇负责书稿统稿，各章具体写作分工如下：中英文摘要执笔人为黄群慧、叶振宇；第一章执笔人为叶振宇、王宁；第二章执笔人为黄群慧、叶振宇、王宁；第三章执笔人为黄群慧；第四章执笔人为叶振宇；第五

第一节、第二节、第三节和第四节执笔人分别为李曦辉、陈耀、邓仲良和胡献政；第六章执笔人为叶振宇。

在本报告撰写过程中，我们的研究工作得到了国家发改委地区经济司张东强巡视员、王博处长、随志宽博士等同志的大力支持和悉心指导，李善同、孙久文、刘应杰、高国力、李国平等专家学者对本报告提出了许多有价值的建议。为了让这项成果更好地服务国家战略和发挥积极引导社会舆论的作用，中国社会科学出版社社长赵剑英、副总编王茵等同志为本书出版做了精心安排，中国社会科学出版社编辑党旺旺为本书做了细致、烦琐的编辑工作。在此，对以上同志一并致以诚挚的谢意！

本报告是国家社会科学基金重大项目"现代化经济体系的系统结构、测度指标与重大问题研究"（项目编号：20ZDA043）和中国社会科学院"登峰战略"学科建设区域经济学重点项目的资助成果。本报告内容仅代表执笔人的个人学术观点。在撰写本报告的过程中，我们收集整理了很多公开出版的统计数据，也参考吸收了中央或地方政府部门发布的报告和有关学者的观点，借此对有关单位和个人表示感谢。本报告难免存在疏漏之处，敬请读者批评指正！

黄群慧

2022 年 12 月 20 日

黄群慧，中国社会科学院经济研究所所长、研究员、博士生导师，《经济研究》主编、《经济学动态》主编，中国社会科学院大学经济学院院长、教授，中国社会科学院国有经济研究智库主任。担任第十四届全国政协委员、中国企业管理研究会理事长、国家"十四五"规划专家委员会委员、国务院学位委员会学科评议组成员等社会职务。享受国务院颁发的政府特殊津贴，入选"百千万人才工程"国家级人选，荣获"国家级有突出贡献的中青年专家"称号、文化名家暨"四个一批"人才、"万人计划"国家社会科学领军人才。主要研究领域为发展经济学、制造业发展、企业改革与管理等。曾主持国家社会科学基金重大项目3项及其他研究项目多项。迄今为止，已在《中国社会科学》《经济研究》等学术刊物公开发表论文三百余篇，撰写《新时期全面深化国有经济改革研究》等多部专著。其成果曾获孙冶方经济科学奖、张培刚发展经济学奖、蒋一苇企业改革与发展学术基金奖、"三个一百"原创图书奖、中国社会科学院优秀科研成果奖二等奖等，作品入选国家新闻出版总署优秀通俗理论读物出版工程、国家哲学社会科学成果文库等。

叶振宇，现任中国社会科学院工业经济研究所区域经济室主任、研究员，中国社会科学院大学应用经济学院区域经济学专业博士生导师，同时兼任中国区域经济学会副秘书长、全国经济地理研究会常务理事。主要研究领域为区域战略实施效果评估、微观集聚经济、区域一体化发展、制造业高质量发展等。目前已主持完成国家社会科学基金项目、国家高端智库项目等各类项目20余项，出版《中国制造业集聚与空间分布不平衡研究》《京津冀产业转移协作研究》等专著，公开发表学术论文或理论文章100多篇，研究成果曾获得中国社会科学院优秀科研成果奖三等奖、中国社会科学院优秀对策信息奖等省部级奖项10多次。